La cucina verde

Für Fenissa, Selina, Fabio und Laurens –
meine allerliebsten Gäste **CB**

Für meine Eltern Monica & Aldo **LB**

Lizenzausgabe für die Büchergilde Gutenberg,
Frankfurt am Main, Wien und Zürich,
mit freundlicher Genehmigung
des Verlagshaus Jacoby & Stuart, Berlin

vermittelt durch die Agentur Susanne Koppe, Hamburg,
www.auserlesen-ausgezeichnet.de
Gestaltung, Satz und Litho:
up designers berlin-wien / Walter Lendl
Gesetzt aus der Apex New und der Kipp No1
Printed in Italy 2010

ISBN 978-3-7632-6319-6
www.buechergilde.de

CARLO BERNASCONI · LARISSA BERTONASCO

La cucina verde

DIE SCHÖNSTEN
ITALIENISCHEN GEMÜSEREZEPTE

BÜCHERGILDE
GUTENBERG

mercato

di verdura

indice

inhalt

Grazie, Nonna!

Wäre meine italienische Großmutter nicht eine so leidenschaftliche Köchin gewesen, vielleicht hätte ich die Lust am Kochen nie entdeckt. Maria Bernasconi-Trivellin hatte in den 1920er- und 30er-Jahren ein Restaurant in Zürich geführt, unterstützt von ihren unverheirateten Brüdern und Schwestern, die nach Feierabend mit anpackten. Und wann immer in meiner Kindheit ein großes Fest für die nicht eben kleine Verwandtschaft vorbereitet werden musste, nahm meine Nonna das in die Hand – und ich durfte ihr dabei zusehen.

Aufgeregt verfolgte ich das Klappern und Hantieren in der Küche, wo meine Nonna den lieben langen Tag ein großes Suppenhuhn zubereitete, das tags darauf eine herrliche Füllung für ihre unübertroffenen Cappelletti hergeben würde. Ein Kühlschrank wurde erst in den späten 70er-Jahren angeschafft, deshalb bewahrte Nonna die Lebensmittel, die kühl gelagert werden mussten, in einem Loch in der Außenmauer der Küche auf, das von einem Schrank verdeckt war. Vor großen Festen stapelten sich hier die Leckereien, die ich mit sehnsüchtigen Blicken verschlang!

Der Höhepunkt eines jeden Festmahls, bei dem der Chianti aus der typischen, von Stroh ummantelten Flasche in Strömen floss, waren für mich stets die Cappelletti, die Nonna in der Brühe servierte, in der das Suppenhuhn seiner Bestimmung entgegengesimmert hatte. Voller Ehrfurcht vor diesen kunstvoll gefalteten Nudeltaschen und betört von ihrem Duft, wagte ich kaum, sie anzurühren. Bei der Erinnerung an Nonnas Cappelletti wird es mir noch heute warm ums Herz.

In meinem eigenen Restaurant, das ich 2005 eröffnet habe, pflege ich eine leichte, frische Küche, bei der viel Gemüse in den buntesten Farben auf die Teller kommt, als Vorspeise und als Hauptspeise – dabei bleibt immer noch Platz für Fleisch oder Fisch. Meine Nonna hingegen war noch der typischen Küche der ersten Einwanderergeneration verhaftet: Fleisch stand bei ihr stets im Mittelpunkt einer Mahlzeit, dazu gab es oft Bratkartoffeln und nur wenig Gemüse. Gleichwohl legte sie, die aus der hügeligen Gegend um Bassano del Grappa im Veneto stammte, viel Wert auf frische Zutaten. Ihr Leben lang misstraute sie Supermärkten und kaufte ihr Gemüse direkt beim Bauern, der seinen Hof damals noch mitten in der Stadt hatte. Ich war mächtig stolz, wenn ich sie als kleiner Junge bei diesen Besorgungen begleiten durfte – die richtige Gemüseküche allerdings lernte ich erst viel später kennen.

Aus meinem lieb gewordenen Alltag ist dieses Buch entstanden. Es ist auch eine Reise zurück zu den italienischen Vorfahren, den Bauern und kleinen Handwerkern, die sich im Alltag kaum Fleisch oder Fisch leisten konnten und als Selbstversorger die Früchte ihres Gartens mit viel Phantasie in leckere Gerichte verwandelten.

Viel Spaß mit der Cucina verde und buon appetito!

MADE
in
ITALY

La cucina verde
Die italienische Gemüseküche

»Auf den Plätzen ist es an Markttagen sehr voll, Gemüse und Früchte unübersehbar, Knoblauch und Zwiebeln nach Herzenslust. Übrigens schreien, schäkern und singen sie den ganzen Tag, werfen und balgen sich, jauchzen und lachen unaufhörlich. Die milde Luft, die wohlfeile Nahrung lässt sie leicht leben.« Italienische Küche bedeutet puren Genuss und sinnlichste Lebensfreude – das hat wohl auch Goethe so empfunden, als er diese Sätze am 17. September 1786 in Verona niederschrieb. Und die Marktstände sind heute wie damals mit knackig-frischem, aromatischem Gemüse in Hülle und Fülle bestückt. Ein wahrer Augenschmaus, aber nicht nur das: Ein verlockend knackiger Radicchio beflügelt auch die Phantasie des Kochs gleich viel mehr als eine unter Plastikfolie eingeschweißte Aubergine dubioser Herkunft. Die italienische Küche kennt eine Vielzahl köstlicher Gemüsegerichte, und man muss nur ein paar schlichte Grundregeln beachten, um die meist ganz einfachen Rezepte umsetzen.

Grundsätzlich gilt: **JE FRISCHER, DESTO BESSER.** Am besten schmeckt natürlich biologisch angebautes Gemüse, doch obwohl Italien klimatisch und geographisch beste Voraussetzungen dafür bietet, herrscht hier in Sachen biologischer Anbau noch Nachholbedarf. Die Gemüse jedenfalls, die in diesem Buch vorgestellt werden, sind allesamt fester Bestandteil der genuin italienischen Küche und – abgesehen von wenigen speziellen Varietäten – auch nördlich der Alpen erhältlich. Das Gemüse landet in Italien natürlich nicht allein im Kochtopf. Käse gehört untrennbar dazu, aber auch Kräuter, Eier, Zitrone, Nüsse, allen voran die zarten und höchst aromatischen Pinienkerne, Balsamico-Essig und natürlich Olivenöl! Diese elementaren Zutaten der italienischen Gemüseküche werden großzügig eingesetzt, und genau das macht die Gerichte so schmackhaft und unvergleichlich.

Beim **KÄSE** ist zunächst einmal der vollreife Parmigiano zu nennen, der zur Grundausstattung gehört und im besten Fall 24 Monate gelagert worden ist (oder sogar noch länger, aber dann wird er nahezu unerschwinglich). Kaufen Sie den Parmesan immer am Stück und nicht vorgerieben – Sie entscheiden selbst, wann er frisch von der Reibe auf Ihre Gemüselasagne fällt. Wer seine Gerichte lieber mit einem kräftigeren Käse würzt, nimmt Pecorino. Der Schafskäse ist in verschiedenen »Härtegraden« zu haben, die wiederum von der Reifezeit abhängen: Je länger ein Käse lagert, desto mehr verliert er an Gewicht und gewinnt an Aroma. Wichtig ist außerdem Mozzarella – mittlerweile des Schweizers beliebtester Käse, noch vor dem Emmentaler! Er wird inzwischen auch aus biologischer Kuhmilch hergestellt, aber das ist natürlich Mumpitz: Ein echter Mozzarella wird aus Büffelmilch gewonnen und darf, so habe ich es in Apulien gelernt, nicht später als sechs Stunden nach seiner Herstellung gegessen werden – was für alle Menschen außerhalb Apuliens (oder Kampaniens) zu einem Ding der Unmöglichkeit wird. Nicht zuletzt gehört zu den wesentlichen Käsesorten auch der Gorgonzola, der mittlerweile sowohl in seiner pikanten Variante als auch in milderer Form mit Mascarpone durchsetzt erhältlich ist. Das intensivste Aroma besitzt der Gorgonzola aus Schafsmilch, den man jedoch leider seltener antrifft. Hier gilt das Gleiche wie beim Gemüse: Frisch vom Markt hält er sich besser als in seinem zellophanierten Gefängnis in der Supermarktkühlkette.

Bei den **KRÄUTERN** sind die frischen auf jeden Fall den getrockneten vorzuziehen. Einige Töpfe auf dem Balkon – Thymian, Basilikum, Rosmarin, Majoran und mindestens zwei Töpfe mit glatter Petersilie – reichen für einen Sommer. Es stärkt das Wohlgefühl in der Küche ungemein, wenn die frisch geschnittenen und noch voller ätherischer Öle steckenden Kräuter die Gerichte aromatisieren. Und inzwischen sind frische Kräuter – dank größerer Kräutergärten auf den Kanaren zum Beispiel – sogar im Winter erhältlich. Ein wichtiges Gewürz neben frischen Kräutern ist der Pfeffer, der immer frisch aus der Mühle kommen sollte.

Finalmente: **OLIO DI OLIVA**. Das »flüssige Gold« spaltet nicht nur die Meinungen, sondern manchmal auch die Zungen, und die Diskussion darüber wird oftmals ideologisch geführt. Woran sich halten? Nur ans eigene Geschmacksempfinden. Meines etwa reagiert begeistert auf das aus den Taggiasca-Oliven kalt gepresste ligurische Olivenöl. Andere schwören auf toskanisches, umbrisches oder apulisches, wieder andere lassen nur das am Gardasee erworbene Olivenöl in ihre Küche. Probieren Sie möglichst viele aus: Das ist der einzige Weg, um jenes zu finden, das Ihnen am besten bekommt. Unter einer Voraussetzung allerdings: Es muss kaltgepresstes Olivenöl sein! Alles andere ist meist industriell hergestellt und mag zum Kochen mal ganz in Ordnung sein, aber wer Olivenöl als Gewürz einsetzt – und das ist in der italienischen Küche sehr häufig der Fall –, der sollte immer Olio di oliva extra vergine verwenden.

Die gleichen Qualitätsansprüche gelten natürlich auch für den Essig: **ACETO BALSAMICO DI MODENA TRADIZIONALE** ist so ziemlich das Teuerste, was nach den weißen Trüffeln auf dem Markt ist. Jener über zweieinhalb Jahrzehnte in unterschiedlich großen und jeweils aus anderen Hölzern gefertigten Fässern gelagerte Essig ist eine Delikatesse, die tropfenweise Gerichte veredelt. Natürlich ist er für die Alltagsküche weniger geeignet, aber wer will, kann sich sogar seinen eigenen »Tradizionale« herstellen: Einfach 1 l Balsamico-Essig mit 300 g Zucker bei niedriger Hitze mindestens 2 Stunden lang zu einem Sirup einkochen und dann auskühlen lassen. In ein gut verschließbares Gefäß füllen und im Kühlschrank aufbewahren. Die Konsistenz ist nahezu die gleiche, nur mit Holz ist dieser »Tradizionale« leider nie in Berührung gekommen …

E IL VINO? Die Gemüsegerichte in diesem Buch sind auf eine sympathische Art »Landfrauenküche« – also passen in aller Regel auch sauber vinifizierte Landweine bestens dazu. Das kann ein Sangiovese aus der Romagna sein, ein Negroamaro aus Apulien, ein leichter Chianti, ein Dolcetto d'Alba, ein Merlot aus dem Friaul oder – warum nicht? – ein schöner Lagrein aus Südtirol. Italiens Weinkarte bietet eine nahezu unüberschaubare Vielfalt: Über 2000 Rebsorten werden hier angepflanzt, aus denen ehrliche, robuste Rotweine gekeltert werden. Für die Weißweine gilt: Bei Gerichten, die einen guten Anteil Käse enthalten, darf's auch mal ein Gewürztraminer sein oder ein Chardonnay aus dem Friaul (oder Sizilien). Immer passend sind Weißweine aus dem Piemont oder dem Friaul und dem Trentino, weil ihr relativ hoher Säuregehalt perfekt mit Gemüse harmoniert. Aber lassen Sie sich auch hier nur von Ihrem eigenen Geschmacksurteil lenken, eine verlässlichere Instanz gibt es nicht. Wie man dazu gelangt? Ganz einfach: Weine verkosten, immer wieder Neues entdecken wollen. Guido Guardigli, der den besten Sagrantino im umbrischen Montefalco produziert, würde wohl aus der Ferne nicken und mir noch ein Glas seines Trebbiano einschenken.

Natürlich lassen wir uns allzu oft von einem schönen Etikett verführen, wenn wir im Weinhandel vor der Fülle des Angebots zu kapitulieren drohen. Lassen Sie sich davon nicht beeindrucken, und probieren Sie aus, was Sie nicht kennen – nur so kann das Urteil geschärft werden. Das würden so berühmte Verkoster wie Hugh Johnson oder Michael Broadbent mit Sicherheit unterschreiben – und am liebsten erinnere ich mich in diesem Zusammenhang an das verschmitzte Lächeln des Lebensmittelhändlers Gioachino Palestro in Mortara, als er mir einmal eine Flasche Wein ohne Etikett unter die Nase hielt. Als ich ihn leicht irritiert anguckte, fragte er barsch: »Was trinkst du? Den Wein oder das Etikett?« Oh, ja, chiaro, den Wein natürlich …

Neben diesen wesentlichen Zutaten der italienischen Gemüseküche gibt es da noch einige elementare **GRUNDREZEPTE**, die man kennen sollte, da sie sich wunderbar mit unterschiedlichstem Gemüse verbinden lassen. Dazu zählen selbstverständlich frische Pasta, Risotto und Gnocchi, aber auch Foccacia und Polenta sowie Gemüsebrühe und der für salzige Kuchen unerlässliche Mürbeteig.

Alle Rezepte in diesem Buch sind für vier Portionen berechnet.

Pasta
Nudeln

400 g Mehl (Type 450)
4 Eier
evtl. 1 EL Wasser

- Mehl auf eine glatte Oberfläche (Marmorplatte oder ähnliches) sieben, in die Mitte eine Mulde drücken und die Eier darin aufschlagen. Alles mit den Händen zu einem glatten, festen Teig verkneten und bei Bedarf noch etwas Wasser zugeben. Der Teig sollte nicht zu weich werden, weil er sich sonst nur schwer weiterverarbeiten lässt. Aber auch zu hart darf er nicht sein, weil er sonst bei der Verarbeitung brüchig wird, schnell trocknet und sich dann für gefüllte Pasta nicht mehr eignet.
- Den Teig in Frischhaltefolie einschlagen und 30 Minuten im Kühlschrank ruhen lassen. Dann mehrfach durch die Nudelmaschine drehen und dabei sukzessive die Öffnung verkleinern, damit dünne Teigbahnen entstehen. Für Maltagliati etwa sollte der Teig durch die zweitdünnste Öffnung der Teigmaschine gedreht und in kurze Bahnen geschnitten werden. Für Ravioli dreht man den Teig am besten zweimal durch die dünnste Öffnung. Alternativ kann man den Teig auch mit dem Nudelholz so dünn wie möglich ausrollen.
- Die frische Pasta nur wenige Minuten in Salzwasser simmern lassen und dann vorsichtig herausheben, mit einer beliebigen Sauce mischen und sofort servieren.

TIPP: Profiköche ersetzen in der Regel ein Viertel des Mehls durch Hartweizendunst (Grieß ist zu grobkörnig) und verwenden anstelle von 4 Volleiern 6 bis 8 Eigelb, damit der Teig aromatischer wird. Generell lässt sich frischer Pastateig zwei bis drei Tage im Kühlschrank aufbewahren.

VARIANTEN: Der Pastateig kann nach Belieben mit frischen Kräutern aromatisiert werden, zum Beispiel mit gehackter glatter Petersilie, frischem Basilikum oder Thymianblättern, aber auch mit zerstoßenen getrockneten Steinpilzen – je nachdem, welcher Sugo für die Pasta vorgesehen ist und ob sie gefüllt zubereitet wird.

Polenta
Maisbrei

100 g Bramata-Polenta
400 ml Wasser
1 1/2 TL Salz
50 g geriebener Parmesan

- Wasser mit dem Salz in einer zugedeckten hochwandigen Pfanne zum Kochen bringen. Die Polenta unter ständigem Rühren mit dem Holzlöffel einrühren, die Hitze auf die niedrigste Stufe herunterregeln und die Polenta unter wiederholtem Rühren in etwa 40 Minuten fertigkochen.
- Je nach gewünschter Konsistenz – cremig bis hart – mehr Wasser oder Milch oder Sahne dazugeben. Tatsächlich macht Sahne die Bramata-Polenta unvergleichlich lecker in Konsistenz und Geschmack.
- Zum Schluss Parmesan untermischen und Polenta vom Herd nehmen. Serviert wird Polenta am besten mit Pilzen, gekochtem oder gebratenem Gemüse, zum Beispiel geschmortem Radicchio (s. Rezept Seite 158).
- Zur noch heute gepflegten Tradition in italienischen Bauernfamilien gehört, dass die fertig gekochte Polenta auf ein großes Holzbrett in der Mitte des Tisches gegossen und mit Gemüse bedeckt wird (im Süden Italiens zum Beispiel mit Cima de Rape – Stängelkohl) und sich jeder mit dem Messer sein Stück der Polenta abschneidet und auf den Teller hebt.

TIPP: Polenta wird in drei Mahlstufen angeboten: fein, mittel und grob. Letztere nennt sich Bramata und ist mein Favorit. Polenta kann man aber auch aus Buchweizen (grano saraceno) oder aus einer Mischung aus Mais und Buchweizen kochen.
Generell gilt die Faustregel: Auf die Menge Polenta kommt das Vierfache an Wasser oder Milch oder ein Wasser-Milch-Gemisch. Die Kochzeit beträgt in aller Regel 40 Minuten, es sei denn, man greift zu Rapido-Polenta, die in 2 bis 3 Minuten gar ist, aber natürlich niemals so gut schmeckt …

VARIATION: Statt mit Parmesan kann man die Polenta auch mit geriebenem Pecorino oder mit Gorgonzola nachhaltig aromatisieren.

Brodo vegetale
Gemüsebrühe

1 Zwiebel
1 Stange Lauch
2 Stangen vom Staudensellerie
1 Wirsing
2 Karotten
2 EL Olivenöl
3 l Wasser
1 Knoblauchzehe
1 EL Salz
1 EL Pfefferkörner
2 Lorbeerblätter

- Die ungeschälte Zwiebel halbieren, das Gemüse putzen und in kleine Scheiben oder Würfel schneiden.
- In einem großen Topf das Olivenöl erhitzen, Gemüse dazugeben und 3 Minuten unter ständigem Rühren leicht anrösten. Mit Wasser aufgießen und kurz aufkochen lassen. Dann die gepresste Knoblauchzehe, Salz, Pfefferkörner und Lorbeerblätter dazugeben und 1 Stunde bei niedriger Hitze köcheln lassen.
- Die Brühe durch ein Sieb geben und das im Sieb verbliebene Gemüse mit einem Holzlöffel leicht andrücken, damit der darin enthaltene Saft in die Brühe träufeln kann. Im Kühlschrank hält sich die Brühe im geschlossen Topf 2 bis 3 Tage.
- Wer die Brühe gerne konzentrierter hat, kann sie einfach nochmals um die Hälfte einkochen lassen – aber Achtung: Durchs Einkochen erhöht sich auch der Salzgehalt, darum nachher vorsichtig dosieren.

TIPP: Die selbstgekochte Gemüsebrühe ist in allen Fällen der gekauften oder in Würfel gepressten Brühe vorzuziehen – viel Aufwand nämlich benötigt ihre Herstellung nicht, aber der Geschmack ist unvergleichlich besser.

Risotto
Risotto

320 g Carnaroli-Reis
1 Schalotte
50 g Butter
1 l Gemüsebrühe
50 g geriebener Parmesan
1 TL Salz
schwarzer Pfeffer

- Die gehackte Schalotte in der Hälfte der Butter anbraten, den Reis dazugeben und unter ständigem Rühren glasig dünsten.
- Gemüsebrühe (sie sollte heiß sein, um den Garprozess nicht zu unterbrechen) nach und nach unter ständigem Rühren dazugeben, salzen und den Risotto in 15 bis 18 Minuten bissfest garen.
- Mit Pfeffer würzen, die restliche Butter und den Parmesan unterrühren und sofort servieren.

TIPP: Risotto ist sehr genügsam und lässt sich mit fast allem verbinden, zum Beispiel mit Kürbis, Radicchio oder Spargel (s. Rezepte Seiten 115, 159, 93). Das Gemüse sollte in der Regel erst nach der Hälfte der Kochzeit dazugegeben werden.
Eine Faustregel lautet, dass 70 bis 80 g Reis pro Person eine ordentliche Portion für eine Hauptspeise bilden; als Beilage sollten es etwa 40 g sein.
Mein Risottoreis-Favorit ist die Sorte Carnaroli, und beim Kochen sollte man darauf achten, dass der Reis bissfest bleibt und sich wie eine »faule Welle« auf den Teller schöpfen lässt. »All'onda pigra« nennen die Italiener diesen Idealzustand eines gekochten Risottos.

VARIATION: Statt mit Parmesan schmeckt Risotto auch mit geriebenem Pecorino oder mit Gorgonzola.

Gnocchi
Gnocchi

1 kg mehligkochende Kartoffeln
200 g Mehl
1 Ei
2 EL Salz fürs Kochwasser

- Kartoffeln in der Schale in Salzwasser kochen und am besten noch heiß pellen. Die gekochten Kartoffeln pürieren und mit Mehl und Ei zu einem homogenen Teig verkneten – nach Bedarf noch etwas Mehl dazugeben.
- Aus der Masse fingerdicke Rollen formen und diese mit der Gabel in etwa 2 cm lange Stücke zerteilen.
- Gnocchi in heißem, aber nicht sprudelndem Salzwasser so lange kochen, bis sie an der Oberfläche schwimmen. Mit einem Schöpflöffel vorsichtig aus dem Wasser heben, abtropfen lassen und servieren.

TIPP: Wem das Pellen der noch heißen Kartoffeln zu mühsam ist, der kann die Kartoffeln auch vorher schälen, in Würfel schneiden und in Salzwasser garen.

VARIATION: Gnocchi lassen sich wunderbar mit Gemüse variieren, zum Beispiel mit Radicchio (s. Rezept Seite 160) oder auch mit gekochtem und püriertem Spinat oder Mangold. Man kann dem Teig auch 2 EL Tomatenmark beimischen. Je nach Feuchtigkeitsgrad der Zutat muss dem Teig mehr oder weniger Mehl zugegeben werden.

Pasta frolla
Mürbeteig

300 g Mehl
100 g Butter
1/2 TL Salz
1 Ei
50 ml Wasser

- Mehl durch ein Sieb auf eine Arbeitsfläche geben. Die in Flöckchen geschnittene zimmerwarme Butter, Salz, Ei und Wasser dazugeben und alles zu einem glatten Teig verkneten.
- Den Teig vor der Weiterverarbeitung in Plastikfolie einschlagen und 30 Minuten im Kühlschrank ruhen lassen.

Focaccia
Focaccia

42 g Bierhefe
1 TL Zucker
1 kg Mehl (Type 450)
1 EL Salz
620 ml lauwarmes Wasser
2 EL Olivenöl
1 TL grobes Meersalz

- Hefe mit dem Zucker in einem kleinen Gefäß mit einem Löffel so lange zerdrücken, bis die Hefe sich verflüssigt hat.
- Mehl in eine Schüssel geben und das Salz am Rand ringsherum einstreuen. Die Hefe und dann das Wasser dazugeben und alles mit beiden Händen zu einem glatten Teig verkneten. An einem trockenen und warmen Ort gehen lassen, bis sich das Teigvolumen nach etwa einer Stunde mindestens verdoppelt hat.
- Auf einem mit etwas Olivenöl ausgestrichenem Backblech den Teig zu einem Fladen ausbreiten. Mit einem Küchentuch zudecken und nochmals 30 Minuten gehen lassen. Die Focaccia mit Olivenöl einpinseln und mit Meersalz bestreuen. Im vorgeheizten Backofen bei 200 °C etwa 20 Minuten backen.

VARIATION: Das Foccacia-Rezept lässt sich wunderbar variieren, zum Beispiel mit frischen Kräutern wie Rosmarin oder Thymian oder auch mit 1 EL Tomatenmark, den man mit etwas Olivenöl verdünnt. Für die ligurische Variante Fugassa verwendet man Zwiebelringe (s. Rezept Seite 150). Köstlich schmeckt Foccacia auch mit Oliven oder gehackten getrockneten Tomaten. Einfach mit in den Teig kneten, backen und fertig ist das eigene Brot!

Pastificio
FAELLA
GRAGNANO
C.F.
(NAPOLI)
PACCHERI
PASTA DI SEMOLA
DI GRANO DURO
Peso Netto KG. 1

il carciofo

Carciofo
Artischocke

Irgendwann einmal in meiner Jugendzeit tauchte sie auf dem Mittagstisch auf: eine gekochte Artischocke. Das kugelförmige Gemüse auf dem Suppenteller sah wunderlich aus, und sein leicht bitterer und für unsere Kindergaumen ungewöhnlicher Geruch verbreitete sich in der ganzen Wohnung. Aber kaum hatte ich das erste Blatt in die Vinaigrette getaucht und mit den Zähnen das wenige, aber äußerst zarte Fruchtfleisch abgezogen, öffnete sich mir ein wunderbarer Geschmacksraum. Es muss eine besondere Gelegenheit gewesen sein, zu der dieses ungewöhnliche Gemüse auf den Tisch kam, denn Artischocken waren in den frühen Sechzigerjahren nicht oft zu haben – aber meine Mutter liebte sie über alles.
Einige leer gegessene Teller Artischocken später tauchten ganz andere Sorten in der Küche auf: die kleinen rundlichen und die ligurischen mit den spitzen Stacheln, die sich schmerzhaft in die Haut bohren, wenn sie nicht vorsichtig genug angefasst werden. Schließlich ist mit Disteln nicht zu spaßen, und zu dieser Familie gehören die Artischocken nun einmal. Man muss sich dieser Diva unter den Gemüsen mit Bedacht und Zuneigung nähern, doch wer sie erobert hat, dem entblättert sie ihre ganze aromatische Leidenschaft und zeigt sich sowohl roh im Salat (fein gehobelt) als auch geschmort und gebraten von ihrer unwiderstehlichsten Seite. Dass ihr ganz Italien verfallen ist, belegen unzählige Rezepte vom Norden des Stiefels bis zum Absatz: So verfeinern Artischocken nicht nur einen Risotto, sondern werden auch gern als Zutat einer Frittata (Eierkuchen) oder mit Erbsen geschmort für Pastagerichte verwendet. Um ihr Aroma am besten herauszukitzeln, verbindet die italienische Küche Artischocken meist mit Knoblauch, Weißwein und Pfefferminze oder Petersilie.
Die großen Dicken, in Italien auch Mammole genannt, kommen mittlerweile kaum mehr auf den Tisch – die kleinen Runden und Länglichen dafür umso häufiger –, auch weil man sie roh essen kann und sie sich, einmal gekocht, für sehr viele Gerichte eignen. Bei der Zubereitung sollte man Artischocken auf keinen Fall lange im Wasser oder an der frischen Luft herumliegen lassen, sondern das vorbereitete Gemüse sofort mit Zitronensaft bedecken.

Carciofi lessi con salsa piccante
Gekochte Artischocken mit pikanter Sauce

4 große Artischocken
Saft von 1/2 Zitrone
1/2 Peperoncino
6 EL Olivenöl
2 EL Weißweinessig
3 EL gehackte frische Kräuter (Pfefferminze, Majoran, Petersilie, Thymian)
Salz, schwarzer Pfeffer

- Artischocken am Stiel säubern, die Spitzen mit einem scharfen Messer abschneiden und die äußeren, harten Blätter entfernen. Artischocken in einem Topf mit Wasser und Zitronensaft aufsetzen und etwa 40 Minuten bei niedriger Hitze kochen.
- Den fein gehackten Peperoncino, Olivenöl, Weißweinessig und Kräuter in eine Schüssel geben und alles zu einer sämigen Sauce verrühren. Mit Salz und Pfeffer abschmecken und eine halbe Stunde ziehen lassen.
- Mit einer Nadel die Artischocken einstechen und den Garpunkt prüfen. Artischocken mit einer Schöpfkelle aus dem Wasser heben und gut abtropfen lassen. Auf vier Teller verteilen und mit der Sauce servieren.
- Zu dieser klassischen Vorspeise mit einer pikanten Note serviert man am besten einen kräftigen Sangiovese aus der Emilia-Romagna.

Carciofini fritti
Gebratene Artischocken

500 g kleine Artischocken
Saft von 1/2 Zitrone
2 EL Olivenöl
1 Knoblauchzehe
150 ml Weißwein
2 EL Paniermehl
2 EL gehackte glatte Petersilie
Salz, schwarzer Pfeffer

- Artischocken am Stiel (wenn vorhanden) säubern, die Spitzen mit einem scharfen Messer abschneiden und die äußeren, harten Blätter entfernen. Die Artischocken vierteln und in eine Schüssel mit Wasser und Zitronensaft geben.
- In einer Pfanne das Olivenöl erhitzen, die gehackte Knoblauchzehe und die gut abgetropften Artischocken dazugeben und 3 Minuten bei mittlerer Hitze braten. Mit Weißwein aufgießen und die Artischocken zugedeckt 15 Minuten bei niedriger Hitze garen, nach Bedarf etwas Wasser nachgießen.
- Wenn die Artischocken gabelzart sind, das Paniermehl und die Petersilie untermischen, mit Salz und Pfeffer würzen und servieren.
- Zu dieser Vorspeise passen am besten ofenfrisches Baguette und ein Pinot Bianco aus dem Friaul.

TIPP: Die glatte Oberfläche der Artischocke nimmt in aller Regel keinen Sugo auf. Damit die Sauce nicht »verlorengeht«, bindet das Paniermehl den Sugo mit dem Gemüse.

Carciofi al forno
im Ofen gebratene Artischocken

4 große oder 8 mittelgroße Artischocken
Saft von 1/2 Zitrone
1 Knoblauchzehe
3 EL gehackte glatte Petersilie
2 EL gehackte Pfefferminze
3 EL Paniermehl
300 ml Weißwein
Olivenöl
Salz, schwarzer Pfeffer

- Artischockenspitzen abschneiden, die harten Außenblätter entfernen und wenn nötig den Stiel abschneiden. Mit einem spitzen Messer das Heu in der Mitte auskratzen und die Artischocken danach sofort in eine Schüssel mit Wasser und Zitronensaft geben.
- Knoblauchzehe schälen, fein hacken und mit Kräutern und Paniermehl gut vermengen. Die Mischung mit Salz und Pfeffer würzen und in die Ritzen zwischen den Artischockenblättern grob verteilen.
- Eine Gratinform mit Olivenöl ausstreichen und die Artischocken kopfüber in die Form legen, mit dem Weißwein übergießen und im vorgeheizten Backofen bei 160 °C etwa 40 Minuten backen; bei Bedarf noch lauwarmes Wasser nachgießen. Mit einer feinen Nadel oder Gabel den Garpunkt der Artischocken prüfen.
- Die fertigen Artischocken mit ofenfrischem Baguette servieren.

Maltagliati con carciofini e piselli
Maltagliati-Pasta mit Artischocken und Erbsen

300 g kleine Artischocken
200 g Pastateig (s. Rezept Seite 18)
150 g frische oder gefrorene Erbsen
Saft von 1/2 Zitrone
3 EL Olivenöl
1 Knoblauchzehe
150 ml Weißwein
2 EL gehackte glatte Petersilie
1 EL frischer Majoran
100 g Sahne
4 EL geriebener Pecorino
Salz, schwarzer Pfeffer

- Artischocken am Stiel (wenn vorhanden) säubern, die Spitzen mit einem scharfen Messer abschneiden und die äußeren, harten Blätter entfernen, in Viertel schneiden und in eine Schüssel mit Wasser und mit Zitronensaft geben.
- In einer Pfanne das Olivenöl erhitzen, die gehackte Knoblauchzehe, die gut abgetropften Artischocken und die Erbsen dazugeben und 3 Minuten bei mittlerer Hitze braten.
- Mit Weißwein aufgießen und das Gemüse zugedeckt bei niedriger Hitze 15 Minuten garen; nach Bedarf etwas Wasser nachgießen.
- Inzwischen den Pastateig nicht zu dünn ausrollen und in ungleichmäßige Stücke (»maltagliati« bedeutet schlecht geschnitten) schneiden. Pasta in reichlich Salzwasser 2 bis 3 Minuten ziehen lassen, dann abgießen, mit den Kräutern, dem Gemüse und der Sahne gut vermengen und mit Salz und Pfeffer abschmecken. Mit Pecorino bestreuen und sofort servieren.

Frittata di carciofini
Eierkuchen mit Artischocken

300 g kleine Artischocken
6 Eier
Saft von 1/2 Zitrone
3 EL Olivenöl
1 Knoblauchzehe
150 ml Weißwein
2 EL gehackte glatte Petersilie
1 EL frischer Majoran
100 g geriebener Parmesan
Salz, schwarzer Pfeffer
Butter
Mehl

- Artischocken am Stiel (wenn vorhanden) säubern, die Spitzen mit einem scharfen Messer abschneiden und die äußeren, harten Blätter entfernen. Artischocken vierteln und in eine Schüssel mit Wasser und Zitronensaft geben.
- In einer Pfanne das Olivenöl erhitzen, die gehackte Knoblauchzehe und die gut abgetropften Artischocken dazugeben und 3 Minuten bei mittlerer Hitze braten. Mit Weißwein aufgießen und zugedeckt bei niedriger Hitze 15 Minuten garen; nach Bedarf etwas Wasser nachgießen.
- In einer Schüssel die Eier verquirlen, dann die Kräuter und den Parmesan und schließlich die gut abgetropften Artichockenviertel unterrühren. Mit Salz und Pfeffer würzen.
- Eine Backform von 26 cm Durchmesser mit Butter ausstreichen, mit Mehl bestäuben und die Eier-Gemüse-Masse einfüllen. Im vorgeheizten Backofen bei 180 °C 25 bis 30 Minuten backen, bis eine goldbraune Kruste entstanden ist, und sofort servieren.
- Dazu passt ausgezeichnet ein knackiger Salat.

Risotto con carciofini
Artischockenrisotto

300 g kleine Artischocken
320 g Carnaroli-Reis
Saft von 1/2 Zitrone
3 EL Olivenöl
1 Knoblauchzehe
100 ml Weißwein
1 Schalotte
50 g Butter
1 l Gemüsebrühe
50 g geriebener Parmesan
1 EL Artischockencreme
Salz, schwarzer Pfeffer

- Artischocken am Stiel (wenn vorhanden) säubern, die Spitzen mit einem scharfen Messer abschneiden und die äußeren, harten Blätter entfernen. Artischocken vierteln und in eine Schüssel mit Wasser und Zitronensaft geben.
- In einer Pfanne das Olivenöl erhitzen, die gehackte Knoblauchzehe und die gut abgetropften Artischocken dazugeben und 3 Minuten bei mittlerer Hitze braten. Mit der Hälfte des Weißweins aufgießen und die Artischocken zugedeckt bei niedriger Hitze 15 Minuten garen; nach Bedarf etwas Wasser nachgießen.
- Schalotte schälen, fein hacken und in einer Pfanne mit der Butter glasig dünsten. Reis dazugeben und noch 2 Minuten bei starker Hitze kochen. Mit dem restlichen Weißwein ablöschen und mit heißer Gemüsebrühe bedecken, bei mittlerer Hitze unter ständigem Rühren weiterkochen.
- Nach der Hälfte der Garzeit (etwa 8 Minuten) die gekochten Artischocken dazugeben und den Reis al dente fertiggaren. Zum Schluss den Parmesan und die Artischockencreme untermischen, mit Salz und Pfeffer abschmecken und den Risotto sofort servieren.
- Dazu passt hervorragend ein samtiger Rotwein, zum Beispiel ein Dolcetto d'Alba.

FERRARI
1Kg
farina

CYNAR

SONO DI CARTA E RESPIRO
SONO AMICO DELL'ECOLOGIA
SONO GRADITO PER ALIMENTI
CON TRATTAMENTO SPECIALE
DI MASSIMA RESISTENZA
KA

FAGIOLI
fAGIOLINI

Fagioli & Fagiolini
Bohnen

Bohnenrezepte kennt der ganze Stiefel, vom Süden bis in den Norden, und es gibt keine regionalen Schwerpunkte. Unterschieden wird vor allem zwischen grünen Bohnen und getrockneten Bohnen, die das Italienische anders als das Deutsche nicht unter einem Oberbegriff zusammenfasst, sondern in Fagioli (getrocknete Bohnen) und Fagiolini (grüne Bohnen) unterteilt. Bei den Fagioli zählen die weißen Cannellini-Bohnen und die gesprenkelten Borlotti-Bohnen zu den gängigsten Sorten. Sie werden häufig in der Dose angeboten, aber man sollte immer zu den getrockneten greifen (die zum Beispiel im Bioladen erhältlich sind), denn die schmecken unvergleichlich besser.
Leider spielen die getrockneten Bohnen kaum noch eine Rolle in der italienischen Küche nördlich des Alpenbogens – vielleicht, weil sie zu sehr an Arme-Leute-Gerichte erinnern. Im Salat findet man sie hier und dort, aber da gehören sie nicht wirklich hin. In Italien selbst sind getrocknete Bohnen, die über Nacht eingeweicht werden müssen, unverzichtbarer Bestandteil von so herzhaften Gerichten wie Ribollita, einer sättigenden Gemüsesuppe, die besonders im Winter in ländlichen Gegenden zubereitet wird. Unvergesslich bleibt mir die Gemüsesuppe meiner Nonna, die sie mehrfach aufkochte, damit die Aromen noch intensiver wurden. Wenn wir Kinder nach dem Herumtollen im Schnee hungrig und durchgefroren in die warme Wohnung kamen, löste schon der Duft dieser Suppe ein wohliges Gefühl in uns aus. Löffel für Löffel wärmte sie uns dann auch von innen – und machte uns rundum glücklich!
Die Hülsenfrüchte bereichern aber ebenso Pastagerichte. Viele Rezepte kombinieren getrocknete Bohnen mit Lauch und Staudensellerie, aber auch mit Salbei und Zwiebeln, weil die Bohnen so ihr Aroma richtig entfalten können. Grüne Bohnen kommen in aller Regel gedünstet und in Butter geschwenkt als Beilage auf den Tisch, aber auch als schmackhafter, erfrischender Salat, in dem sie sich wunderbar mit Olivenöl, Oliven, Käse, Tomaten, Zwiebeln, Peperoncino oder geröstetem Brot kombinieren lassen – frisch geerntet aus dem eigenen Garten sind sie unübertrefflich zart und aromatisch und geben etwa den Trofiette al Pesto, einem ligurischen Pastagericht, den letzten Schliff.

Fagiolini con pomodori e cipolle
Grüne Bohnen mit Tomaten und Zwiebeln

600 g grüne Bohnen
300 g Tomaten
1 Zwiebel
2 EL Olivenöl
2 EL gehackte glatte Petersilie
1 EL gehackte Minze
Salz, schwarzer Pfeffer

- Bohnen waschen und an beiden Enden säubern und in sprudelndem Salzwasser in 20 Minuten al dente kochen, dann unter kaltem Wasser abspülen.
- Die kreuzweise eingeschnittenen Tomaten im selben Kochwasser wenige Minuten blanchieren, mit der Schöpfkelle herausnehmen, auskühlen lassen, die Haut abziehen und das Fruchtfleisch in Würfel schneiden.
- Zwiebel schälen, in dünne Ringe schneiden und in einer Pfanne mit dem Olivenöl 2 bis 3 Minuten dünsten. Tomatenwürfel beifügen, wenige Minuten mitdünsten, die Bohnen dazugeben und alles nochmals einige Minuten in der Pfanne wenden. Mit Salz und Pfeffer würzen, mit Petersilie und Minze bestreuen und sofort servieren.
- Dieses Gericht lässt sich im Sommer auch als Salat servieren – in diesem Falle gehört ein feiner Balsamico-Essig dazu. Dazu passen ofenfrisches Baguette und eine schöne Flasche Chianti.

Fagioli all'uccelletto
Cannellini-Bohnen mit Lauch

400 g getrocknete Cannellini-Bohnen
100 g Lauch
1 Knoblauchzehe
3 EL Olivenöl
8 Salbeiblätter
2 Fleischtomaten
2 EL gehackte glatte Petersilie
Salz, schwarzer Pfeffer

- Bohnen über Nacht oder mindestens 12 Stunden in kaltem Wasser einweichen. Dann abgießen, mit kaltem Wasser aufsetzen und etwa 1 Stunde gar kochen.
- Inzwischen den Lauch putzen, waschen und in feine Ringe schneiden. Knoblauchzehe schälen, fein hacken und beides in Olivenöl mit Salbeiblättern in einer Pfanne bei niedriger Hitze etwa 10 Minuten dünsten.
- Die kreuzweise eingeschnittenen Tomaten mit heißem Wasser überbrühen, wenige Minuten ziehen lassen, häuten, entkernen und das Fruchtfleisch in Würfel schneiden.
- Bohnen abgießen und 200 ml des Kochwassers auffangen. Bohnen in die Pfanne geben, Tomatenwürfel und Kochwasser hinzufügen und zugedeckt 15 Minuten weiter köcheln lassen. Mit Salz und Pfeffer würzen, mit Petersilie bestreuen und sofort servieren.
- Weil auch dieses Gericht aus der Toskana stammt – wie so viele mit getrockneten Bohnen –, sind toskanische Weine ideale Begleiter, egal ob weiß oder rot; und Brot kommt in Italien sowieso auf den Tisch.

Zuppa di fagioli e porcini
Bohnen-Steinpilz-Suppe

500 g getrocknete Borlotti-Bohnen
100 g Steinpilze (oder 30 g getrocknete Steinpilze)
2 EL gehackte Schalotten
2 EL Olivenöl
8 kleine Scheiben altbackenes Weißbrot
1 EL Butter
1 Knoblauchzehe
Salz, schwarzer Pfeffer

- Bohnen über Nacht oder mindestens 12 Stunden in kaltem Wasser einweichen. Dann abgießen, mit kaltem Wasser aufsetzen und etwa 1 Stunde gar kochen. Die gekochten Bohnen erneut abgießen und das Kochwasser auffangen.
- Inzwischen die in Scheiben geschnittenen Steinpilze mit den gehackten Schalotten in Olivenöl 7 bis 10 Minuten bei großer Hitze dünsten, pfeffern und beiseitestellen.
- Bohnen durch ein Haarsieb passieren (damit die Bohnenschalen darin zurückbleiben) und das Püree in einen Topf zurückgeben; die Steinpilze im Mixer auf die gewünschte Konsistenz pürieren und mit mindestens 200 ml des aufgefangenen Kochwasser unter die Bohnen heben, bei Bedarf weiteres Kochwasser nachgießen.
- Die Suppe kurz aufkochen lassen und mit Salz und Pfeffer würzen. Währenddessen die Brotscheiben in heißer Butter oder Olivenöl beidseitig kross braten, mit der Knoblauchzehe einreiben und jeweils 2 Scheiben in einen Suppenteller geben. Bohnen-Steinpilz-Suppe darübergeben und sofort servieren.
- Dazu passt geschmorter Radicchio (s. Rezept Seite 158).

Ribollita
Gemüsesuppe

200 g getrocknete Borlotti-Bohnen
2 Tomaten
1 Zwiebel
1 Stange Lauch
3 EL Olivenöl
1/4 mittelgroßer Wirsing
1 Bund Mangold
1 Zucchini
1 Karotte
2 Stangen vom Staudensellerie
1–2 Kartoffeln (je nach Größe)
150 g altbackenes Schwarzbrot in Scheiben
50 g geriebener Parmesan
Salz, schwarzer Peffer

- Bohnen über Nacht oder mindestens 12 Stunden in kaltem Wasser einweichen. Dann abgießen, mit kaltem Wasser aufsetzen und etwa 1 Stunde gar kochen.
- Die kreuzweise eingeritzten Tomaten in kochendem Wasser wenige Minuten blanchieren, mit der Schöpfkelle herausnehmen, auskühlen lassen, die Haut abziehen und das Fruchtfleisch in Würfel schneiden.
- Zwiebel schälen und hacken, Lauch putzen, waschen und in Ringe schneiden und beides in einem großen Topf mit der Hälfte des Olivenöls etwa 10 Minuten dünsten. Die gekochten Bohnen, Tomaten sowie das übrige geputzte und in etwa 1 cm große Stücke geschnittene Gemüse beifügen und 1 Stunde bei niedriger Hitze köcheln lassen. Mit Salz und Pfeffer würzen.
- Zum Schluss das altbackene Brot in die Suppenteller legen, die Suppe darüber gießen, mit Parmesan bestreuen und sofort servieren.
- Dieses klassische toskanische Rezept – im Winter eine sättigende Hauptmahlzeit, im Sommer wird die Ribollita auch gerne kalt gegessen – wird am besten von einem kräftigen roten Landwein begleitet, wie er etwa in der Maremma wächst.

TIPP: Am besten immer größere Mengen zubereiten, denn aufgewärmt schmeckt die Suppe noch besser – daher auch der Name Ribollita (wörtlich übersetzt: wiedergekocht). Köstlich schmeckt es, wenn man die Suppe vor dem Servieren mit einigen Spritzern hochwertigen Olivenöls verfeinert.

Pasta e fasoi
Pasta und Bohnen

300 g getrocknete Borlotti-Bohnen
80 g Pasta (z. B. Ditalini oder eine andere Sorte kleinerer Pasta)
1 Karotte
2 Stangen vom Staudensellerie
1 Zwiebel
3 EL Olivenöl
50 g Tomatensauce (selbstgemacht oder Tomatenwürfel aus der Dose)
2 l Wasser
2 Lorbeerblätter
1 EL mit Salbei und Rosmarin aromatisiertes Olivenöl
evtl. geriebener Parmesan
Salz, schwarzer Pfeffer

- Bohnen über Nacht oder mindestens 12 Stunden in kaltem Wasser einweichen. Dann abgießen, mit kaltem Wasser aufsetzen und etwa 1 Stunde gar kochen.
- Inzwischen Karotte und Selleriestangen putzen, Zwiebel schälen, alles in kleine Stücke schneiden und in Olivenöl einige Minuten dünsten. Tomatensauce dazugeben und noch einige Minuten weiterköcheln lassen.
- Etwa 200 g der gekochten Bohnen zum Gemüse geben (die restlichen Bohnen beiseitestellen), mit dem Wasser auffüllen und die Lorbeerblätter beigeben. Einmal aufkochen, dann die Suppe 2 Stunden lang bei niedriger Hitze köcheln lassen; bei Bedarf Wasser nachgießen.
- Zum Schluss die Suppe durch ein Passiersieb streichen, die restlichen Bohnen und die zuvor al dente gekochte Pasta sowie das aromatisierte Olivenöl dazugeben. Noch einige Minuten bei niedriger Hitze köcheln und mit Salz und Pfeffer würzen. Nach Belieben Parmesan darüberstreuen und sofort servieren
- Pasta e fasoi ist im Winter eine wunderbar sättigende und wärmende Hauptmahlzeit, im Sommer wird das Gericht gern auch lauwarm gegessen. Dazu passt selbstredend, weil's ein Rezept aus dem Veneto ist, ein schöner Merlot aus der Gegend.

VARIATION: Im Piemont und in der Gegend von Nizza Monferrato werden der Suppe außerdem gekochte und passierte Kartoffeln beigegeben. Statt mit Bohnen lässt sich dieses Rezept auch mit Kichererbsen zubereiten, dann heißt es Pasta e ceci (Pasta mit Kichererbsen). Und statt des aromatisierten Olivenöls können auch 1 Zweig Rosmarin sowie einige Blätter Salbei beigefügt werden.

Fagiolini e patate con crema di basilico
Grüne Bohnen und Kartoffeln mit Basilikumcreme

300 g grüne Bohnen
300 g festkochende Kartoffeln
100 g frisches Basilikum
1 Schalotte
4 EL Olivenöl
1 Knoblauchzehe
1 EL frischer Majoran
Salz, schwarzer Pfeffer
evtl. Pecorino

- Bohnen säubern, die Enden wegschneiden und die Bohnen in etwa 5 cm große Stücke schneiden. Mit kaltem Wasser aufsetzen und in etwa 20 Minuten al dente kochen.
- Kartoffeln schälen und je nach Größe vierteln oder achteln. Schalotte schälen, in feine Scheiben schneiden und mit den Kartoffeln in einer Pfanne mit 2 EL Olivenöl goldbraun braten. Mit Salz und Pfeffer würzen.
- Inzwischen das Basilikum in einem Cutter mit dem restlichen Olivenöl und der geschälten Knoblauchzehe zu einer sämigen Creme pürieren und mit Salz und Pfeffer abschmecken.
- Zum Schluss die Bohnen zu den Kartoffeln geben, Majoran zufügen und nochmals 5 Minuten bei niedriger Hitze unter ständigem Wenden braten. In tiefe Teller füllen und einige Tropfen Basilikumcreme darübergeben, nach Belieben Pecorino darüberhobeln und sofort servieren.
- Zu diesem Hauptgericht passt hervorragend ein kräftiger Landwein, zum Beispiel ein Bonarda aus dem Oltrepò Pavese.

TIPP: Für sehr hungrige Esser empfiehlt es sich, separat 150 g Pasta, zum Beispiel Penne, zu kochen, die Pasta mit den Bohnen und den Kartoffeln zu vermengen und geriebenen Pecorino über das Gericht zu geben.

SALE
GROSSO
DA CUCINA

1 Kg

APE
Ape

bROCCOlO
& CAVOLFiORE

Broccolo & Cavolfiore
Brokkoli & Blumenkohl

In Sachen Brokkoli und Blumenkohl hat Italien einige verwirrende Überraschungen zu bieten. Denn die verwandten Kohlsorten werden in Sizilien, zumindest sprachlich, über einen Kamm geschert: Dort heißen sie beide »broccoli«, während man im nördlichen Teil Italiens sehr wohl zwischen dem Kohl mit den weißen und dem mit den grünen Röschen unterscheidet. Der eine wie der andere werden vor allem im Süden Italiens angebaut, weil dort klimatisch die besten Bedingungen für dieses zarte Gemüse herrschen und zwei Mal im Jahr geerntet werden kann; deshalb stammen natürlich auch die meisten Brokkoli- und Blumenkohlrezepte aus dieser Gegend. Und dann gibt es da noch den Romanesco, diesen kegelförmig nach oben sich zuspitzenden, meist hellgrünen – ja, was denn nun: Blumenkohl oder Brokkoli? Das ist am Ende Jacke wie Hose, denn alle drei Sorten lassen sich auf die gleiche Weise zubereiten, obschon: der Unterschied liegt natürlich in der Farbgebung. Der grüne Brokkoli passt optisch zum Beispiel viel besser zur hellen Pasta. So werden etwa die für Apulien typischen Orecchiette gern mit Brokkoli und getrockneten Tomaten zubereitet; beim köstlichen Cavolfiore fiorentina hingegen passt der weiße Kohl ausgezeichnet zur roten Tomatensauce.

Am meisten ärgert es mich, wenn Brokkoli im Restaurant mit gerösteten Mandelsplittern serviert wird, dann weiß ich, dass ich im falschen Lokal sitze, denn Mandelsplitter gehören schlicht nicht in die italienische Gemüseküche – Pinienkerne indes sehr wohl. Gerade wenn Brokkoli ein schönes Pastagericht begleitet, schmeckt dies mit »pinoli«, die vorher noch leicht in der Pfanne geröstet werden, ganz ausgezeichnet.

Eigentliche Hauptspeisen mit Brokkoli oder Blumenkohl werden in Italien selten zubereitet, es sei denn, es handelt sich um Pasta- oder Risotto-Gerichte, die an sich nahrhaft genug sind. Häufig begleiten die zarten Röschen reichhaltige Salate, und sie werden gerne überbacken. Blumenkohl wie Brokkoli wird oft im Ganzen gegart und dann weiterverarbeitet. Trennt man die Rosetten vom Strunk, verkürzt sich die Garzeit erheblich. Der Eigenschaft des Gemüses, etwas unangenehme Gerüche zu verbreiten, begegnet man am besten mit einem in Essig getunkten Stück Brot, das beim Garen mit in den Topf gegeben wird.

insalata di broccoli
Brokkolisalat

600 g Brokkoli
1 in Essig eingelegte rote Paprika
(aus dem Reformhaus)
12 schwarze Oliven
2 EL Kapern
4 EL Olivenöl
2 EL Weißweinessig
Salz, schwarzer Pfeffer

- Brokkoli in reichlich Salzwasser fast gabelzart kochen, abgießen, auskühlen lassen und in Röschen zerteilen.
- Die entkernte Paprika in sehr feine Streifen schneiden und mit den grob gehackten Oliven, Kapern sowie dem Olivenöl und Essig unter den Brokkoli mischen. Mit Salz und Pfeffer würzen und sofort servieren.
- Dazu passt ofenfrisches Baguette.

Cavolfiore alla fiorentina
Blumenkohl florentinische Art

600 g Blumenkohl
200 g vollreife Tomaten
50 g in Ringe geschnittene Zwiebeln
1 Knoblauchzehe
3 EL Olivenöl
50 g grob gehackte schwarze Oliven
3 EL gehackte glatte Petersilie
Salz, schwarzer Pfeffer

- Blumenkohl in reichlich Salzwasser gabelzart kochen, abgießen und warm stellen. Die kreuzweise eingeschnittenen Tomaten mit kochendem Wasser überbrühen, wenige Minuten stehen lassen, häuten, entkernen und das Fruchtfleisch in Würfel schneiden.
- Zwiebeln, die fein gehackte Knoblauchzehe und Tomaten im Olivenöl zu einer Sauce einkochen, mit Salz und Pfeffer würzen und zum Schluss Oliven und Petersilie unterheben. Die Sauce über dem Blumenkohl verteilen und sofort servieren.
- Ein herzhaftes Baguette und ein Stück Pecorino Toscano erheben dieses Gericht zu einem Festmahl – natürlich nur in Verbindung mit einem guten Roten aus der Toskana, und zwar einem ehrlichen Landwein.

Polpette di cavolfiore
Gebackene Blumenkohlbällchen

500 g Blumenkohl
200 g altbackenes Brot
1 Knoblauchzehe
2 EL zerbröselter Schafskäse
3 EL gehackte glatte Petersilie
1 Ei
Mehl
5 EL Olivenöl
Salz, schwarzer Pfeffer

- Blumenkohl in reichlich Salzwasser gabelzart kochen, abgießen und auskühlen lassen.
- Das Brot zu feinen Krümeln reiben, die Knoblauchzehe fein hacken. Blumenkohl in einer Schüssel mit einer Gabel zu einer homogenen Masse zerdrücken, Schafkäse, Petersilie, Brotkrümel, Ei und Knoblauch hinzugeben, mit Pfeffer würzen und zu einer festen Masse vermengen – nach Bedarf noch mehr Brot oder Paniermehl dazugeben.
- Aus der Masse etwa walnussgroße Klößchen formen, in Mehl wenden und in heißem Olivenöl goldbraun ausbacken.
- Diese frittierten Blumenkohlklößchen veredeln jedweden Salat – die feine Säure eines guten Balsamico wird das Fett in der Klößchenkruste gut austarieren.

TIPP: Diesem aus Sizilien, genauer gesagt Trapani, stammenden Rezept können nach Wunsch auch Fenchelsamen beigemischt werden. Im Ristorante Vicolo Duomo in Caltanisetta wird auch noch frisch gehackte Minze unter die Masse gerührt.

Cavolfiore con crema di taleggio
Überbackener Blumenkohl mit Taleggio-Sauce

600 g Blumenkohl
100 g Taleggio
100 g Sahne
2 EL gehackte glatte Petersilie
2 EL geröstete Pinienkerne
Salz, schwarzer Pfeffer

- Blumenkohl vom Strunk befreien und die ausgelösten Rosetten in reichlich Salzwasser so lange garen, bis sie fast gar sind.
- Inzwischen den entrindeten und in Würfel geschnittenen Taleggio mit der Sahne in einer Pfanne bei niedriger Hitze schmelzen, mit Pfeffer würzen.
- Blumenkohl in eine Auflaufform geben, mit der Käse-Sahne-Sauce bedecken und im vorgeheizten Backofen bei 180 °C etwa 15 Minuten goldbraun backen. Zum Schluss mit Petersilie und Pinienkernen dekorieren. Sofort servieren.
- Zu diesem herzhaften Gericht passt am besten ein fröhlicher Landwein (Lambrusco, Chianti, Primitivo). Und für sehr Hungrige kann man als Beilage noch frischen Taleggio mit Baguette reichen.

VARIATION: Wer das Gericht würziger mag, verwendet anstelle des Taleggio einen Gorgonzola Piccante.

Orecchiette con broccoli, pomodorini e pinoli
Orecchiette mit Brokkoli, Tomaten und Pinienkernen

400 g Brokkoli
150 g Kirschtomaten
3 EL Pinienkerne
3 EL Olivenöl
320 g Orecchiette (Öhrchennudeln)
50 g geriebener Parmesan
Salz, schwarzer Pfeffer

- Brokkoli in reichlich Salzwasser gabelzart kochen, abgießen und das Kochwasser auffangen. Brokkoli auskühlen lassen und in Röschen zerteilen.
- Pinienkerne in einer Pfanne mit dem Olivenöl leicht anrösten, Brokkoliröschen und Kirschtomaten hinzugeben und zugedeckt etwa 5 Minuten bei niedriger Hitze garen. Mit Salz und Pfeffer würzen.
- Inzwischen die Orechiette im Brokkolikochwasser al dente kochen, abgießen, zu der Brokkolisauce geben und Parmesan hinzugeben. Alles gut vermengen und sofort servieren.

VARIATION: Statt Parmesan passt zu diesem Gericht auch ein pikanter Pecorino.

Ravioli di broccoli con salsa al gorgonzola
Brokkoliravioli mit Gorgonzolasauce

400 g Brokkoli
200 g Pastateig (s. Rezept Seite 18)
50 g Gorgonzola
50 g geriebener Parmesan
1 Eigelb
30 g Paniermehl
8 große Basilikumblätter
2 EL gehackte glatte Petersilie
Salz, schwarzer Pfeffer

- Brokkoli vom Strunk befreien und die ausgelösten Rosetten in reichlich Salzwasser so lange garen, bis sie fast gar sind.
- Brokkoli unter reichlich fließend kaltem Wasser auskühlen, und dann im Cutter pürieren. Drei Viertel der pürierten Masse in eine Schüssel geben und mit Parmesan, Eigelb und Paniermehl zu einer festen homogenen Masse vermengen, bei Bedarf noch Parmesan oder Paniermehl dazugeben. Mit Salz und Pfeffer abschmecken.
- Pastateig zu möglichst dünnen Streifen ausrollen und 40 Quadrate von 10 x 10 cm ausschneiden. Auf jedes Quadrat 1 EL der Brokkolimasse geben, mit einem Basilikumblatt belegen, zu einem Dreieck zusammenfalten und an den Rändern leicht andrücken. Die Ravioli in leicht sprudelndem Salzwasser etwa 3 Minuten simmern lassen, bis sie an der Oberfläche schwimmen.
- Inzwischen den Gorgonzola schmelzen, mit der restlichen Brokkolimasse vermengen, mit Pfeffer abschmecken und den Boden von vier Suppentellern mit dieser Sauce ausstreichen.
- Die acht Ravioli mit einer Schöpfkelle vorsichtig aus dem Topf heben und auf die Suppenteller verteilen. Mit gehackter Petersilie bestreuen und sofort servieren.
- Dazu passen ausgezeichnet einige frittierte Salbeiblätter, mit denen das Gericht schön garniert werden kann. Weinvorschlag: vorzugsweise ein Weißwein, zum Beispiel ein nicht allzu fruchtiger Pinot Grigio oder ein Terlaner.

VARIATION: Die Sauce lässt sich natürlich auch mit Blumenkohl zubereiten, allerdings muss dieser separat vom Brokkoli gekocht werden.

polvere di stelle
Speciale per la pulizia di utensili in acciaio inossidabile - Biodegradabile 80°.
Condizioni d'impiego: spargere su di uno straccio umido, strofinare e poi sciacquare.
Distribuito dalla LAGOSTINA S.p.A. Omegna (NO)

SPiNACiO

Spinacio
Spinat

Das klassische Beilagengemüse der Italiener ist ein Verwandlungskünstler par excellence. Einerseits dient Spinat oft als Zutat für Torte salate, salzige Kuchen, andererseits aromatisiert er so manches Pastagericht und lässt sich sogar, wenn man ihn fein gehackt dem Mehl beifügt, zu Spinatpasta verarbeiten. Er gibt Gnocchi und Knödeln nicht nur eine schöne grüne Färbung, sondern auch ein köstliches Aroma und macht – vorausgesetzt, man verwendet ganz frische, junge Blätter – auch als Salat »bella figura«. Damit aus Spinat ein sättigendes Hauptgericht wird, braucht er die Unterstützung meist von Mehl, Eiern, Parmesan und Brot.

Das Universalgemüse der italienischen Küche wird auf dem Stiefel vor allem in der Toskana und im Latium angebaut, und das Land ist reich an Spinatsorten – auch wenn man den Blättern nach dem Blanchieren ihre unterschiedliche Blattstruktur nicht mehr ansieht. Rezepte, die mit Spinat arbeiten, lassen sich auch mit entfernten Verwandten des Blattgemüses zubereiten, insbesondere natürlich mit Mangold. Aber auch Rauke (Rucola) passt – moderat eingesetzt – ebenso gut zu den Rezepten.

Mich begleitet Spinat seit meiner Kindheit – und ich habe ihn nie in seiner pürierten Form oder mit Sahne vermischt kennengelernt. Da hätte meine Mamma resolut den Kopf geschüttelt: Warum sollte man die feinen Blätter pürieren und damit ihre ganze Ästhetik ruinieren?

Bei der Zubereitung von Spinatgerichten verwende ich – außer natürlich für Salat – gern tiefgekühlten Spinat. Er wird in der Regel erntefrisch verarbeitet, der erste Kochvorgang, also das Blanchieren in kochendem Salzwasser während zwei Minuten, ist bereits erfolgt, und er ist dem frischen Spinat qualitativ ebenbürtig. Man sollte nur darauf achten, dass das Tauwasser vor der Weiterverarbeitung komplett ausgepresst wird. Wer für die Rezepte lieber frischen Spinat verwendet, beachte die Faustregel, dass die Mengenangaben mit dem Faktor vier multipliziert werden müssen.

insalata di spinaci
Spinatsalat

400 g frischer, junger Spinat
100 g altbackenes Brot
20 g Butter
2 EL Pinienkerne
2 Eier
4 EL Olivenöl
1 EL Aceto Balsamico
  di Modena Tradizionale
Salz, schwarzer Pfeffer

- Spinat gut waschen und in der Salatschleuder trocknen. Das Brot in 1 cm große Würfel schneiden. In einer Pfanne die Butter erhitzen und Brot und Pinienkerne bei niedriger Hitze 5 Minuten darin braten, gelegentlich wenden.
- In einem Topf die Eier 10 Minuten kochen, danach unter fließendem kalten Wasser 5 Minuten auskühlen lassen. Eier schälen und in Viertel schneiden.
- Spinat auf Salattellern anrichten, Eier, Pinienkerne und Brotwürfel darüber verteilen, mit Olivenöl und Aceto Balsamico beträufeln, mit Salz und Pfeffer würzen und sofort servieren.
- Dazu passt ein kräftiger Chardonnay aus Südtirol.

Contorno di spinaci
Spinat als Beilage

250 g tiefgekühlter Spinat
20 g Butter
1 Knoblauchzehe
1 EL abgeriebene Zitronenschale
1/2 TL geriebene Muskatnuss
Salz, schwarzer Pfeffer

- Spinat auftauen bzw. gründlich waschen, einkochen und gut auspressen. In einer Pfanne die Butter zerlassen, Spinat dazugeben und 5 Minuten unter stetigem Rühren erwärmen.
- Knoblauchzehe durch eine Presse drücken, mit Zitronenschale und Muskat unter den Spinat mischen und servieren.
- Diese einfache, köstliche Beilage passt zum Beispiel zu Polenta (s. Rezept Seite 19).

VARIATION: Gut schmeckt diese Beilage auch gemischt mit Rosinen, die zuvor in Marsala eingelegt worden sind.

Minestrina di pasta, verdure e spinaci
Gemüsesuppe mit Spinat

150 g frischer Spinat
125 g kurze Pasta
(Dadini, Mezze Penne etc.)
1 Zwiebel
1,6 l Gemüsebrühe
150 g Erbsen (frisch oder tiefgefroren)
2 Fleischtomaten
2 EL geriebener Parmesankäse
2 EL gehacktes Basilikum
Olivenöl
Salz, schwarzer Pfeffer

- Zwiebel schälen, fein hacken und in einem Topf mit 2 EL Olivenöl glasig dünsten. Gemüsebrühe, Erbsen und Pasta dazugeben und 8 Minuten bei großer Hitze kochen.
- Tomaten kreuzweise einritzen, mit heißem Wasser überbrühen, häuten, entkernen und in Würfel schneiden. Spinat und Tomaten in die Suppe geben und bei niedriger Hitze noch 3 bis 4 Minuten weiterkochen lassen. Mit Salz und Pfeffer würzen.
- Die Suppe auf vier tiefe Teller verteilen, Parmesan und Basilikumblätter darüberstreuen und sofort servieren.

Spinaci con uova in tegamino e porcini
Spinat mit Spiegelei und Steinpilzen

200 g tiefgekühlter Spinat
4 Eier
200 g Steinpilze
1 Knoblauchzehe
2 Prisen geriebene Muskatnuss
1 TL abgeriebene Zitronenschale
100 g Butter
50 ml Weißwein
Salz, schwarzer Pfeffer

- Den aufgetauten Spinat gut ausdrücken. Knoblauchzehe durch eine Presse drücken und mit dem Spinat vermengen. Mit Muskatnuss, Zitronenschale, Salz und Pfeffer würzen. Spinat mit einem Drittel der Butter in einen Topf geben und bei niedriger Hitze wärmen.
- Inzwischen in einer Pfanne das zweite Drittel der Butter zerlassen, die Eier einzeln in die Pfanne schlagen und bei niedriger Hitze goldbraun braten und warm stellen.
- Steinpilze gründlich säubern, in dünne Scheiben schneiden und in derselben Pfanne mit der restlichen Butter 3 Minuten bei großer Hitze braten. Weißwein dazugeben und 2 Minuten einkochen lassen.
- Spinat auf vier vorgewärmte Teller verteilen, je ein Spiegelei vorsichtig darauflegen, die Pilze großzügig über die Spiegeleier verteilen und sofort servieren.

Canederli di spinaci con taleggio
Spinatknödel mit Taleggio

200 g tiefgekühlter Spinat
50 g Zwiebeln
40 g Butter
1/2 TL geriebene Muskatnuss
250 g altbackenes Brot
50 ml Milch
3 Eier
20 g Mehl
Salz, schwarzer Pfeffer

Für die Sauce:
60 g Taleggio
100 g Sahne
30 g Butter
Salz, schwarzer Pfeffer
Schnittlauch nach Belieben

- Zwiebeln schälen, fein hacken und in der Butter 10 Minuten dünsten. Den aufgetauten und gut ausgedrückten Spinat dazugeben, mit Salz, Pfeffer und Muskatnuss würzen und beiseite stellen.
- Das altbackene Brot in der Milch aufweichen, gut ausdrücken und mit dem Spinat vermengen. Die leicht aufgeschlagenen Eier mit dem Mehl unter die Spinatmischung heben, gut verrühren und die Masse etwa 30 Minuten ruhen lassen.
- Inzwischen in einem großen Topf reichlich Salzwasser aufkochen. Die Spinatmasse mit angefeuchteten Händen zu 16 Knödeln in der Größe eines Hühnereis formen, vorsichtig ins leicht sprudelnde Salzwasser geben und etwa 10 Minuten kochen lassen. Die Knödel mit einer Schöpfkelle in eine mit Butter ausgestrichene Form geben und im Backofen warmhalten.
- Den entrindeten Käse mit Sahne und Butter in einer Pfanne zu einer cremigen Sauce einschmelzen, mit Salz und Pfeffer abschmecken.
- Spinatknödel auf vier Teller verteilen, mit der Sauce übergießen, nach Belieben mit feingeschnittenem Schnittlauch garnieren und sofort servieren.
- Diese Hauptgericht begleitet man am besten mit einem Rosso di Montefalco von Guido Guardigli.

Torta di riso e spinaci
Reis-Spinat-Kuchen

200 g tiefgekühlter Spinat
320 g Carnaroli-Reis
1 Zwiebel
50 g Butter
100 ml Weißwein
500 ml Gemüsebrühe
100 g geriebener Parmesan
4 Eier
3 EL Paniermehl
Olivenöl
Salz, schwarzer Pfeffer

- Zwiebel schälen, fein hacken und mit der Butter in einem Topf 5 Minuten bei mittlerer Hitze dünsten. Reis dazugeben, umrühren und mit Weißwein aufgießen. Nach und nach die Gemüsebrühe zugeben und den Reis unter stetigem Rühren bissfest garen.
- Inzwischen den aufgetauten und gut ausgedrückten Spinat mit Parmesan vermischen, salzen und pfeffern. Den gekochten Reis mit Eiern zu einer homogenen Masse verrühren, dann den Spinat untermengen.
- Eine runde Backform (26 cm Durchmesser) mit Olivenöl ausstreichen und mit Paniermehl auskleiden. Die Spinat-Reis-Masse einfüllen und glattstreichen. Den Kuchen im vorgeheizten Backofen bei 180 °C etwa 30 Minuten backen.
- Dieser Kuchen schmeckt am besten mit frischem Salat und ist auch im Sommer eine vorzügliche Hauptspeise.

Risotto con spinaci e gorgonzola
Risotto mit Spinat und Gorgonzola

100 g tiefgekühlter Spinat
320 g Carnaroli Reis
150 g Gorgonzola
1 Zwiebel
50 g Butter
100 ml Weißwein
1 l Gemüsebrühe
1 EL frischer Majoran
Salz, schwarzer Pfeffer

- Zwiebel schälen, fein hacken und in der Butter glasig dünsten. Reis dazugeben und einige Minuten unter kräftigem Rühren anbraten. Weißwein angießen und bei großer Hitze verkochen lassen. Die heiße Gemüsebrühe nach und nach hinzugeben und den Risotto bissfest garen; dann vom Herd nehmen.
- Den aufgetauten und gut ausgedrückten Spinat mit dem kleingeschnittenen Gorgonzola in den Risotto rühren, bis eine cremige Konsistenz entsteht. Mit Salz und Pfeffer abschmecken, die Majoranblätter untermischen und sofort servieren.

Cannolo di spinaci con ricotta
Spinatcrêpes mit Ricottafüllung

Für den Crêpe-Teig:
150 g tiefgekühlter Spinat
40 g Butter
50 g Mehl
2 Eier
150 ml Milch
3 EL lauwarmes Wasser
2 EL gehackte Estragonblätter

Für die Füllung:
400 g Ricotta
120 g Sahne
2 Eier
50 g geriebener Pecorino
4 EL gehackte Küchenkräuter (Basilikum, Petersilie, Majoran, Thymian)
50 g geriebener Parmesan
Salz, schwarzer Pfeffer
Butter

- Für den Teig die Butter zerlassen und in eine Schüssel geben. Mehl und Eier einrühren und unter stetigem Rühren erst die Milch, dann das Wasser untermengen, bis ein homogener, flüssiger Teig entsteht – aufpassen, dass sich keine Klümpchen bilden. Den aufgetauten Spinat fein hacken und mit dem Estragon unterrühren. Den Crêpe-Teig 2 Stunden im Kühlschrank ruhen lassen.
- In einer beschichteten Pfanne aus dem Teig acht hauchdünne Crêpes backen, auf einen Teller legen und mit Alufolie warmhalten.
- Ricotta mit Sahne und Eiern kräftig verrühren, Pecorino und Küchenkräuter dazugeben und mit Salz und Pfeffer würzen.
- Die Füllung gleichmäßig auf die Crêpes verteilen, diese aufrollen und in eine gebutterte Backform legen. Mit ein wenig zerlassener Butter bestreichen und mit Parmesan bestreuen. Die Crêpes im vorgeheizten Backofen bei 170 °C etwa 20 Minuten überbacken und sofort servieren.
- Die Crêpes werden idealerweise mit einem Roséwein aus dem Bardolino begleitet.

TIPP: Wenn Crêpes übrigbleiben, kann man diese zusammenrollen und in Streifen schneiden; sie bereichern damit jeden Salat oder auch die Minestrina di pasta, verdure e spinaci (s. Rezept Seite 57).

ITALY

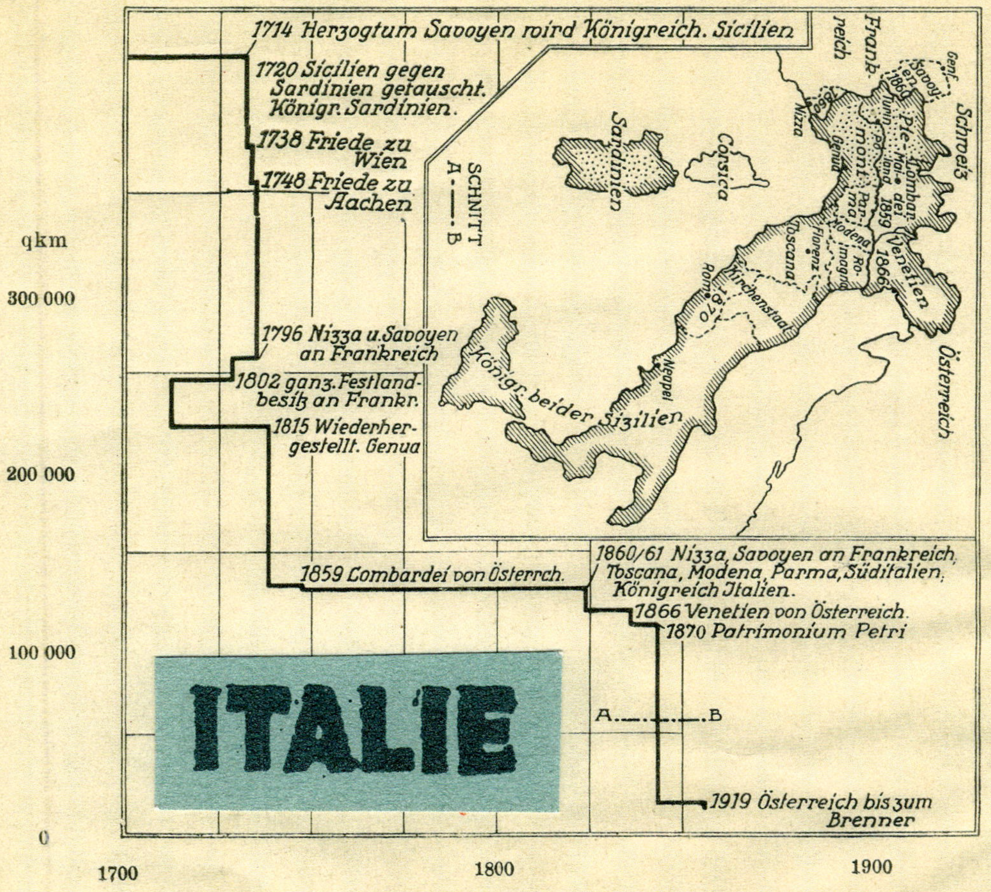

Italien.

Italia

I

il cielo è blu

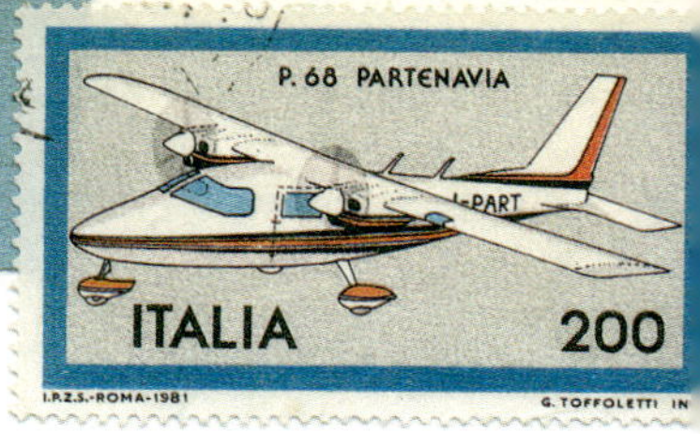

la SPIAGGIA

la sabbia

·la pentola·
·l'acqua·bollire·
l'acqua nella pentola
bolle e bolle e bolle

lA
Z
UCChiNA

Zucchina
Zucchini

Sie heißen Verde di Milano, Italica, Tonda di Nizza, Veneziana, Bolognese, Lunga Fiorentina, Rigata Pugliese, Bianca Sarda ... Sie haben eine längliche, keulenförmige oder runde Form und sind grün bis hellgrün und gelegentlich auch gelb. Italiener sind stolz auf ihre regionalen Produkte und fröhlich in der Namensgebung – insbesondere bei den Zucchini (aber nicht nur). Worauf man achten sollte? Je kleiner die Früchte (und je knapper reif), desto besser schmecken sie, weil sie, wenn einmal die Blüte abgefallen ist, nur noch Wasser speichern und bei zu langer Lagerung einen bitteren Geschmack entfalten. In Italien werden deshalb vor allem die jung geernteten hellgrünen Zucchini verkauft, die nicht nur eine feineres Aroma haben, sondern mit ihrer Blüte auch einen sehr hübschen Anblick bieten.
Eine besondere Erwähnung gilt der Trombetta, einer länglichen, gewundenen Zucchinisorte, die es nur in der Gegend von Imperia an der ligurischen Küste gibt. Wenn ich, was selten genug vorkommt, bei Franco Boeri in Badalucca mein Olivenöl einkaufe, ist anderntags in Arma di Taggia Markt. Dann landen die Trombette wie von selbst in meiner Einkaufstüte – und alle anderen Zucchini bleiben auf dem üppig bestückten Marktstand liegen. Die Trombetta besitzt ein hellgelbes Fruchtfleisch und ist besonders schmackhaft, da sie kaum Wasser enthält – allerdings ist es schwierig, die Trombetta auf Märkten nördlich des Alpenbogens zu finden. Sollte mal eine Zucchini etwas größer geraten sein, rettet man sie für den Tisch, indem man sie der Länge nach aufschneidet und die Samen mit einem Pariserlöffel auskratzt.
Ganz junge Zucchini schmecken auch hervorragend roh als Salat, zum Beispiel mit Parmesan und Pinienkernen. Besonders köstlich aber sind die Blüten, die mittlerweile auch gesondert angeboten werden. Sie erfordern einen behutsamen Umgang und sind, ganz gleich ob frittiert, gefüllt und gebraten oder als Zutat eines Risottos, eine wahre Delikatesse.

Fiori di zucchine fritti
Frittierte Zucchiniblüten

8 Zucchiniblüten
80 g Mehl
200 ml kaltes Leitungswasser
Olivenöl
Salz, schwarzer Pfeffer

- Zucchiniblüten der Länge nach mit einer Schere vorsichtig aufschneiden, den Blütenstempel entfernen und allenfalls den Stängel säubern.
- Das Mehl mit dem Wasser zu einem lockeren Teig vermengen (er muss noch flüssig sein) und mit etwas Salz und Pfeffer würzen. Die Blüten im Teig wenden und in reichlich Olivenöl frittieren, bis sie schön goldbraun geworden sind. Sofort servieren.
- Diese Vorspeise serviert man am besten mit geröstetem und leicht mit Knoblauch eingeriebenem italienischen Weißbrot.

Fiori di zucchine ripieni
Gefüllte Zucchiniblüten

8 Zucchiniblüten
80 g Mozzarella Fior di latte
(oder Ricotta)
1 Eigelb
2 EL gehackte glatte Petersilie
1 TL gehacktes Basilikum
abgeriebene Schale von 1/2 Zitrone
1 Knoblauchzehe
40 g geriebener Parmesan
8 Schnittlauchhalme
5 EL Olivenöl
50 g Butter
Mehl
Salz, schwarzer Pfeffer

- Zucchiniblüten der Länge nach mit einer Schere vorsichtig aufschneiden, den Blütenstempel entfernen und allenfalls den Stängel säubern.
- Mozzarella Fior di Latte mit Eigelb, Petersilie, Basilikum, Zitronenschale, dem gehackten Knoblauch und Parmesan zu einer homogenen Masse verrühren und mit Salz und Pfeffer würzen.
- Die Masse mit einem Teelöffel sorgfältig in die Blüten füllen und die Blüten jeweils mit einem Schnittlauchhalm zusammenbinden.
- Olivenöl und Butter in der Pfanne erhitzen. Die Blüten in Mehl wenden und in der Pfanne bei mittlerer Hitze goldbraun braten. Sofort servieren.
- Zu dieser Vorspeise passt am besten geröstetes und leicht mit Knoblauch eingeriebenes italienisches Weißbrot.

insalata di zucchine e pinoli
Zucchinisalat mit Pinienkernen

500 g junge Zucchini
100 g Pinienkerne
100 g Parmesan am Stück
4 EL Olivenöl
2 EL Aceto Balsamico di Modena
Salz, schwarzer Pfeffer

- Zucchini waschen, trocknen, in dünne Scheiben schneiden und in eine Schüssel geben. Parmesan mit dem Sparschäler über die Zucchini hobeln und vorsichtig unterheben.
- Olivenöl und Balsamico mit der Gabel zu einer Emulsion verrühren, mit Salz und Pfeffer würzen und über den Salat verteilen. Vor dem Servieren mindestens 15 Minuten ziehen lassen.
- Pinienkerne in der Pfanne rösten und zum Schluss über den Salat streuen.
- Dazu passt ofenfrisches Baguette und ein leichter Weißwein, zum Beispiel ein Verdicchio dei Castelli di Jesi.

Padellata di zucchine
in der Pfanne gebratene Zucchini

500 g Zucchini
1 Schalotte
50 g Butter
1 TL frischer Thymian
Salz, schwarzer Pfeffer

- Zucchini waschen und in Scheiben schneiden. Schalotte schälen und in feine Ringe schneiden.
- Butter in der Pfanne erhitzen und Schalotten und Zucchini darin etwa 15 Minuten bei mittlerer Hitze braten, zum Schluss den Thymian unterrühren. Mit Salz und Pfeffer würzen und sofort servieren.
- Dieses einfache Zucchinigericht kann man beispielsweise zu einer gebratenen Polentascheibe servieren (s. Rezept Seite 19) oder es im Sommer unter frischen Blattsalat mischen.

Crema di zucchine
Zucchinicremesuppe

500 g Zucchini
30 g Butter
1 Knoblauchzehe
1 Peperoncino
3 EL Sahne
1 EL frischer Majoran
200 ml Gemüsebrühe
1 El gehackte glatte Petersilie
1 EL Olivenöl
20 g Parmesan am Stück
Salz, schwarzer Pfeffer

- Zucchini putzen, waschen, fein raffeln und in der Pfanne mit der Butter bei mittlerer Hitze etwa 10 Minuten schmoren. Dann in ein Sieb geben und mit der Gabel gut ausdrücken.
- Knoblauch schälen, Peperoncino putzen und entkernen. Zucchini in einen Mixer geben und mit Sahne, Knoblauch, Peperoncino und Majoran zu einer cremigen Masse pürieren.
- Zucchinimasse in eine Pfanne geben, Gemüsebrühe unterrühren (nach Belieben auch mehr als angegeben) und zu einer cremigen Suppe einkochen. Mit Salz und Pfeffer abschmecken.
- Die Suppe in Teller oder Tassen geben, mit Petersilie bestreuen und mit einigen Tropfen Olivenöl würzen. Den Parmesan mit dem Sparschäler über die Suppe hobeln und sofort servieren.

Torta di zucchine
Zucchinikuchen

500 g Zucchini
50 g Butter
250 g Ricotta
100 g geriebener Parmesan
4 Eier
2 EL gehackte glatte Petersilie
1 EL frischer Thymian
Olivenöl
Paniermehl
Salz, schwarzer Pfeffer

- Zucchini waschen, trocknen und grob raffeln. Das Gemüse mit der Butter in eine Pfanne geben und 10 Minuten bei niedriger Hitze garen. Dann in ein Sieb geben und mit einem Löffel gut ausdrücken.
- Zucchini in einer Schüssel mit Ricotta, Parmesan, Eiern, Petersilie und Thymian zu einer homogenen Masse vermengen, nach Belieben mit Salz und Pfeffer würzen.
- Eine Backform (Durchmesser 26 cm) mit Olivenöl ausstreichen und gleichmäßig mit Paniermehl bestreuen. Den Zucchinikuchen im vorgeheizten Backofen bei 180 °C etwa 35 Minuten backen. Sofort servieren.
- Dazu passen ein bunter Sommersalat und ein leichter Rotwein etwa vom Kalterer See.

TIPP: Besonders dekorativ sieht dieser Kuchen aus, wenn er vor dem Backen mit Pinienkernen bestreut wird.

Risotto con fiori di zucchine
Risotto mit Zucchiniblüten

8 Zucchiniblüten
320 g Carnaroli-Reis
8 kleine Zucchini
1 Schalotte
50 g Butter
100 ml Weißwein
1 l Gemüsebrühe
50 g geriebener Parmesan
2 TL gehacktes Basilikum
Salz, schwarzer Pfeffer

- Zucchiniblüten der Länge nach mit einer Schere vorsichtig aufschneiden, den Blütenstempel entfernen und allenfalls den Stängel säubern.
- Zucchini putzen und in dünne Scheiben schneiden. Schalotte schälen, in dünne Scheiben schneiden und mit der Butter in einer Pfanne glasig dünsten.
- Den Reis dazugeben, verrühren und nach 3 Minuten mit Weißwein aufgießen. Kräftig rühren, den Wein verdampfen lassen und nach und nach unter Rühren die Gemüsebrühe dazugeben.
- Nach der Hälfte der Kochzeit, also etwa 8 Minuten, die Zucchini und die Zucchiniblüten dazugeben und den Risotto fertig garen. Mit Salz und Pfeffer abschmecken, Parmesan und Basilikum untermengen und den Risotto sofort servieren.
- Der Risotto schmeckt ganz ausgezeichnet in Begleitung eines leichten Rotweins, etwa eines Valpolicella superiore Ripasso DOC.

TRATTORIA
LA GROTTA
m 100
OSTERIA
BUON GUSTO
Ristorante
del Bosco
FIARC
FIARC
AZIENDA AGRICOLA
mendaro
VENDITA PRODOTTI

FiNOCCHiO

Finocchio
Fenchel

Fenchel ist ein starkes Gemüse. Nicht nur seiner Textur wegen, sondern auch wegen seines Geschmacks. Roh gegessen vertreibt er unangenehme Gerüche im Mund – scheinbar ein beliebter Trick von Weinhändlern, um die Exzesse ihres Berufs zu verdecken. Immerhin verdankt die italienische Sprache diesem Vorgehen ein Verb: infinocchiare, was auf gut Deutsch so viel wie »hereinlegen« bedeutet.

Ich mag Fenchel ausgesprochen gerne, weil das Gemüse nicht sehr zimperlich ist. Im Salzwasser bissfest gegart und dann mit Butter und Parmesan im Ofen überbacken – eine bessere Beilage kann ich mir kaum vorstellen. Und was immer man mit Fenchel anstellt, der Geschmack dieser Knolle behauptet sich durch alle Metamorphosen hindurch. Ein gutes Gemüse also, das mich schon seit Kindertagen begleitet – damals allerdings kam es direkt aus dem Salzwasser ohne viel buttrigen Firlefanz auf den Teller.

Fenchel ist ein klassisches Wintergemüse und wird in der italienischen Küche vor allem als Begleiter zu Fischgerichten serviert. Roh und in feine Streifen geschnitten peppt er zuverlässig jeden Salat auf – weshalb er nur dosiert eingesetzt werden sollte, außer man fügt noch Orangenscheiben und schwarze Oliven hinzu, dann darf auch mehr verwendet werden. Und aufgepasst: Fenchel und Essig mögen sich nicht; stattdessen sollte man den Salat besser mit Zitronensaft anmachen. In gekochter Form lässt sich Fenchel wunderbar mit Butter und Käse veredeln. Eine schmackhafte Hauptspeise ist zum Beispiel Fenchelgratin mit Provolone und Béchamelsauce. Aber auch das herzhaft-salzige Aroma von Kapern oder getrockneten Tomaten verbindet sich bestens mit dem gekochten Gemüse.

Fenchel sollte möglichst frisch gegessen werden. Versichern Sie sich mit einem Blick auf den Strunk: Dieser sollte hell sein und keine Flecken aufweisen. Es versteht sich von selbst, dass auch Fenchel an Aroma verliert, je länger er im Supermarkt oder wo auch immer herumliegt.

Finocchi con pinoli e pomodori secchi
Fenchel mit Pinienkernen und getrockneten Tomaten

500 g Fenchel
40 g Pinienkerne
50 g getrocknete Tomaten
1 Knoblauchzehe
4 EL Olivenöl
1 EL frischer Majoran
Salz, schwarzer Pfeffer

- Fenchel gut putzen, die trockenen äußeren Blätter wegschneiden, die Knollen halbieren, in etwa 1/2 cm breite Streifen schneiden und in sprudelndem Salzwasser in 8 bis 10 Minuten bissfest garen.
- Inzwischen die getrockneten Tomaten in Streifen schneiden, die geschälte Knoblauchzehe in dünne Scheiben schneiden und beides im Olivenöl 2 bis 3 Minuten bei niedriger Hitze wenden.
- Die gekochten Fenchelstreifen dazugeben und mit Salz und Pfeffer würzen. Zum Schluss den Majoran unterrühren und alles gut vermengen.
- Pinienkerne in der Pfanne rösten, über den Fenchel geben und sofort servieren.
- Das Gericht schmeckt auch lauwarm ganz prima, passt zu verschiedenen Salaten und verbindet sich vorzüglich mit einem fruchtigen Weißwein, etwa einem Grechetto dei Colli Martani DOC.

insalata di finocchi con mele e miele
Fenchelsalat mit Äpfeln und Honig

500 g Fenchel
2 mittelgroße Äpfel
1 EL Zitronensaft
40 g entsteinte schwarze Oliven
1 EL frischer Majoran
3 EL Olivenöl
2 EL Akazienhonig
Salz, schwarzer Pfeffer

- Fenchel gut putzen, die trockenen äußeren Blätter wegschneiden, die Knollen halbieren und in ganz dünne Scheiben schneiden. Äpfel halbieren, das Kerngehäuse entfernen und ebenfalls in dünne Scheiben schneiden.
- Fenchel und Äpfel in einer Salatschüssel mit dem Zitronensaft gut vermengen, damit sie nicht braun werden, und 30 Minuten zugedeckt im Kühlschrank durchziehen lassen.
- Oliven, Majoran und Olivenöl untermischen und mit Salz und Pfeffer würzen. Den Salat auf vier Teller verteilen und den Honig mit einem Löffel darüberträufeln.
- Dazu passt ein piemontesischer Weißwein, etwa ein Roero Arneis.

Finocchi gratinati
Gratinierter Fenchel

500 g Fenchel
100 g Provolone
100 g geriebener Parmesan
2 EL Paniermehl
Salz
Butter

Für die Béchamelsauce:
50 g Butter
50 g Mehl
500 ml Fenchel-Kochwasser
geriebene Muskatnuss
Salz, schwarzer Pfeffer

- Fenchel gut putzen, die trockenen äußeren Blätter wegschneiden, die Knollen halbieren, in grobe Streifen schneiden und in sprudelndem Salzwasser in 8 bis 10 Minuten bissfest kochen. Fenchel abgießen und das Kochwasser für die Sauce auffangen.
- Für die Béchamelsauce die Butter in der Pfanne zerlassen, das Mehl darüberstäuben und kräftig verrühren. Das Fenchel-Kochwasser nach und nach unter Rühren dazugeben, bis eine cremige Konsistenz entsteht. Mit Muskat, Salz und Pfeffer würzen.
- Provolone in dünne Scheiben (oder Streifen) schneiden. Eine Backform mit Butter ausstreichen, die Hälfte des Fenchels darin verteilen, die Hälfte der Sauce darübergeben und mit der Hälfte des Provolone bedecken. Dann die zweite Schicht Fenchel, Sauce und Käse einschichten und zum Schluss Parmesan und Paniermehl darüberstreuen. Im vorgeheizten Backofen bei 180 °C etwa 20 Minuten backen und sofort servieren.
- Zu diesem sättigenden Gericht passt ein fruchtbetonter Verdicchio dei Castelli di Jesi Superiore.

Finocchi alla crema
Überbackener Fenchel

500 g Fenchel
500 ml Milch
70 g Butter
1 EL frischer Thymian
2 EL geriebener Parmesan
1 TL Meersalz
Pfeffer

- Fenchel gut putzen, die trockenen äußeren Blätter wegschneiden, die Knollen halbieren, in feine Streifen schneiden und in eine feuerfeste Backform geben.
- Mit der Milch auffüllen, die Butter in Flocken darüber verteilen, mit Thymian und Parmesan bestreuen und im vorgeheizten Backofen bei 180 °C etwa 50 Minuten garen. Zum Schluss das Salz über das Gratin verteilen, mit Pfeffer würzen und sofort servieren.
- Dazu passt hausgemachte Focaccia (s. Rezept Seite 23), mit der sich die leckere Sauce bestens auftunken lässt.

Finocchi con capperi
Fenchel mit Kapern

500 g Fenchel
2 EL Kapern
3 EL Olivenöl
2 EL Paniermehl
2–3 EL geriebener Pecorino
2 EL gehackte glatte Petersilie
Salz, schwarzer Pfeffer

- Fenchel gut putzen, die trockenen äußeren Blätter wegschneiden, die Knollen halbieren, in etwa 1/2 cm breite Streifen schneiden und in sprudelndem Salzwasser in 8 bis 10 Minuten bissfest garen; dann abgießen.
- Inzwischen in einer Pfanne das Olivenöl erhitzen, Paniermehl dazugeben, zu einer cremigen Sauce verrühren und unter den Fenchel mischen. Anschließend Pecorino, Petersilie und Kapern dazugeben, alles gut vermengen und sofort servieren.
- Dazu passen hausgemachte Focaccia (s. Rezept Seite 23) und ein Salat mit Radicchio rosso oder Cicorino verde – eine Art italienischer Feldsalat mit angenehmen Bitteraromen – sowie ein herber Landwein, etwa ein Lagrein Greif von Florian Brigl aus der Tenuta Kornell in Südtirol. Abgerundet wird das Gericht durch die Beigabe gerösteter Pinienkerne.

Tatin di finocchi
Tarte Tatin vom Fenchel

400 g Fenchel
25 g Butter
1 EL Zucker
1 EL frischer Thymian
1 Portion Mürbeteig (s. Rezept Seite 22)
Salz

Für die Béchamelsauce:
50 g Butter
50 g Mehl
500 ml Fenchel-Kochwasser
geriebene Muskatnuss
Salz, schwarzer Pfeffer

- Fenchel gut putzen, die trockenen äußeren Blätter wegschneiden, die Knollen halbieren, in 3 mm breite Streifen schneiden und in sprudelndem Salzwasser in 8 Minuten bissfest garen. Abgießen und das Kochwasser für die Sauce auffangen.
- Für die Sauce die Butter in der Pfanne zerlassen, das Mehl darüberstäuben und kräftig verrühren. Fenchel-Kochwasser nach und nach unter Rühren dazugeben, bis eine sämige Konsistenz entsteht. Mit Muskat, Salz und Pfeffer würzen; warm halten.
- In der Tarteform bei niedrigster Hitze die Butter zerlassen, gut verteilen, den Zucker gleichmäßig darüberstreuen und leicht karamellisieren lassen. Die Tarteform vom Herd nehmen und die Fenchelstreifen darin verteilen. Die Béchamelsauce gleichmäßig darübergeben und mit Thymian bestreuen.
- Den ausgerollten Mürbeteig vorsichtig darüberlegen; darauf achten, dass die Form ganz zugedeckt ist. Die Tarte im vorgeheizten Backofen bei 220 °C etwa 20 Minuten backen, bis der Teig eine goldbraune Farbe angenommen hat.
- Die Tarte aus dem Ofen nehmen und etwa 10 Minuten abkühlen lassen. Dann vorsichtig auf eine Platte stürzen und sofort servieren.
- Zu diesem Gericht passt am besten ein grüner Salat – allerdings sollte er mit einem sehr feinen Aceto Balsamico gewürzt werden, damit die Aromen der Tarte noch besser zur Geltung kommen.

C in Campagna

FRUTTA E ORTAGGI
da MAURIZIO
LIRE 700 KILO
LIRE 1400 KILO
ALBO NAZ. ESP. N° 4314 - REGISTRO OPERATORI N° 0004224
PORTE'D'ITALIE

PISELLI

Piselli
Erbsen

Für meine Mutter war es das höchste der Gefühle, eine Dose Erbsen mit Karotten zu öffnen, den Inhalt in einen Topf zu schütten und das Gemüse darin mit ein paar Butterflocken zu kochen. Damit hat sie sich viel mühseliges Pulen erspart – und mir ein Geschmackserlebnis beschert, das sich erst viel später wieder verflüchtigte, nämlich als die ersten selbstgekochten frischen Erbsen auf dem Tisch standen.

In Italien gehören Erbsen – darunter Sorten mit phantastischen Namen wie Espresso Generoso, Cristoforo Colombo, Telefono Rampicante, Progress Nr. 9 oder Meraviglia d'Italia – zu den beliebtesten Gemüsesorten, weil sie jeder Suppe, jeder Pasta und jedem Risotto ein unverwechselbares Aroma bescheren. Mir persönlich schmecken sie am besten mit Schalotten in viel Butter gedünstet und danach mit Pfefferminze gewürzt. Daneben verbinden sie sich aber auch bestens mit Zwiebeln und Knoblauch sowie mit Peperoncino, Parmesan und Ricotta. In einem Teig aus eingeweichtem Brot, Eiern und viel Pecorino bilden sie außerdem eine köstliche Füllung für ausgehöhlte Tomaten oder rote Paprikaschoten, die dann im Ofen geschmort werden.

Erbsen sind das Unkomplizierteste und Genügsamste, was im italienischen Gemüsegarten wächst, und dank ihres hohen Zuckergehalts können sie auch eher würzige Gemüsesorten – Artischocken zum Beispiel – geschmacklich ausbalancieren. Nicht zuletzt veredeln die kleinen grünen Kugeln viele Gerichte auch in optischer Hinsicht. Da das Pulen natürlich viel Arbeit macht, sind frische Erbsen vor allem in der Gastronomie den tiefgekühlten gewichen – eine Alternative, die geschmacklich fast gleichwertig ist. Tiefgekühlte Erbsen kocht man am besten fünf Minuten in sprudelndem Salzwasser, bevor man sie weiterverwendet.

Piselli alla trevisana con pecorino
Erbsen mit Treviso-Radicchio und Schafskäse

400 g frische oder tiefgekühlte Erbsen
4 Köpfe Radicchio di Treviso
50 g Pecorino am Stück
2 Zwiebeln
3 EL Olivenöl
1 EL Rohrzucker
Salz, schwarzer Pfeffer

- Zwiebeln schälen und in feine Ringe schneiden und in einer Pfanne mit dem Olivenöl 5 Minuten bei niedriger Hitze unter ständigem Rühren dünsten.
- Erbsen und Zucker in die Pfanne geben, mit lauwarmem Wasser bedecken und 20 Minuten lang zugedeckt bei mittlerer Hitze kochen.
- Wenn die Kochflüssigkeit nahezu verdampft ist, die in Viertel geschnittenen Radicchioköpfe hinzugeben und nochmals 3 Minuten bei niedriger Hitze garen. Mit Salz und Pfeffer würzen.
- Radicchio und Erbsen in tiefen Tellern anrichten, Pecorino darüberhobeln und sofort servieren.
- Dazu passen frisches Baguette und ein fruchtiger Rotwein, etwa ein Teroldego Rotaliano aus dem Trient.

Purea di piselli alla menta
Erbsenpüree mit Pfefferminze

400 g frische oder tiefgekühlte Erbsen
2 EL gehackte Pfefferminze
1 Schalotte
2 EL Olivenöl
200 g Sahne
30 g Butter
Salz, schwarzer Pfeffer

- Schalotte schälen, in feine Scheiben schneiden und im Olivenöl 5 Minuten unter ständigem Rühren bei mittlerer Hitze dünsten. Inzwischen die Erbsen 6 bis 7 Minuten im sprudelnden Salzwasser kochen. Dann abgießen und mit der Schalotte im Mixer pürieren.
- In einer Pfanne die Sahne erhitzen und auf die Hälfte einkochen lassen. Danach das Erbsenpüree dazugeben und schließlich die Butter sorgfältig unter das Püree mischen. Mit Salz und Pfeffer abschmecken, auf Tellern anrichten, mit Pfefferminze bestreuen und sofort servieren.
- Das Erbsenpüree schmeckt hervorragend zu Polenta (s. Rezept Seite 19).

Peperoni ripieni di piselli e riso
Mit Erbsen und Reis gefüllte Paprika

100 g Erbsen
4 mittelgroße rote Paprikaschoten
100 g Carnaroli-Reis
1 Zwiebel
3 EL Olivenöl
40 g Butter
400 ml Gemüsebrühe
100 g altbackenes Brot
3 EL Milch
4 Eier
100 g geriebener Parmesan
2 EL gehackte glatte Petersilie
1 TL abgeriebene Zitronenschale
Salz, schwarzer Pfeffer

- Den Deckel der Paprikaschoten abschneiden, den Stiel entfernen und das vom Deckel übriggebliebene Fruchtfleisch in 3 mm große Stücke schneiden. Paprika entkernen und von den weißlichen Innenwänden befreien.
- Zwiebel schälen, in feine Ringe schneiden und das Fruchtfleisch mit den Erbsen, Salz und Pfeffer bei niedriger Hitze mit 2 EL Olivenöl 10 Minuten zugedeckt garen. Bei Bedarf etwas lauwarmes Wasser dazugeben und abkühlen lassen.
- Inzwischen den Reis mit der Hälfte der Butter andünsten, mit Gemüsebrühe aufgießen und bissfest kochen. Das Brot in der Milch einweichen und gut ausdrücken. Die Paprikaschoten in reichlich Salzwasser al dente kochen und auskühlen lassen.
- Reis, Paprikawürfel, Brot und Erbsen mit Eiern und Parmesan (1 gehäuften EL zurückbehalten) zu einer homogenen Masse vermengen, mit Salz und Pfeffer abschmecken und in die mittlerweile ausgekühlten Paprikaschoten verteilen.
- Die Schoten in eine Auflaufform stellen, mit dem restlichen Parmesan und Butterflöckchen bestreuen und im vorgeheizten Backofen bei 180 °C etwa 20 Minuten backen. Sofort servieren.

TIPP: Das Gericht eignet sich dazu, übriggebliebenen Reis vom Vortag zu verarbeiten.

Crema di piselli alla ricotta
Erbsensuppe mit Ricotta

400 g frische oder tiefgekühlte Erbsen
100 g Ricotta
1 Knoblauchzehe
2 EL frischer Majoran
50 g Parmesan am Stück
Gemüsebrühe nach Belieben
Olivenöl
Salz, schwarzer Pfeffer

- Erbsen 6 bis 7 Minuten in sprudelndem Salzwasser kochen, abgießen und mit dem Knoblauch im Mixer pürieren.
- Ricotta in einer Pfanne unter ständigem Rühren erwärmen, Erbsenpüree und Majoran dazugeben und gut verrühren. Mit Salz und Pfeffer würzen – und nach Belieben mit Gemüsebrühe verdünnen.
- Die Suppe in tiefe Teller füllen, mit ein wenig Olivenöl beträufeln, frisch gehobelten Parmesan darüberstreuen und sofort servieren.

Piselli e carote alle noci
Erbsen und Karotten mit Walnüssen

500 g Erbsen
500 g Karotten
100 g Walnüsse
1 Zwiebel
Gemüsebrühe
200 g Sahne
4 Scheiben altbackenes Brot
1 Knoblauchzehe
Olivenöl
Salz, schwarzer Pfeffer

- Karotten schälen, in feine Würfel schneiden und mit der fein gehackten Zwiebel in Olivenöl dünsten. Erbsen dazugeben, mit Gemüsebrühe bedecken und bei mittlerer Hitze bissfest garen.
- Sahne und die gehackten Walnüsse dazugeben, nach Geschmack mit Salz und Pfeffer würzen und wenige Minuten kochen, bis die Sahne zur Hälfte eingekocht ist.
- Die Brotscheiben toasten, mit Knoblauch einreiben und zusammen mit den Erbsen und Karotten servieren.

Torta di piselli con pinoli
Erbsenkuchen mit Pinienkernen

400 g Erbsen
50 g Pinienkerne
4 Eier
2 EL gehackte glatte Petersilie
1/2 Peperoncino
100 g geriebener Parmesan
2 EL Paniermehl
Olivenöl
Salz, schwarzer Pfeffer

- Erbsen in sprudelndem Salzwasser 5 Minuten kochen und abgießen. Die Eier trennen, das Eiweiß steifschlagen und kühl stellen.
- Erbsen im Cutter pürieren und mit der Petersilie, dem fein gehackten Peperoncino und dem Parmesan zu einer homogenen Masse verrühren, nach Geschmack mit Salz und Pfeffer würzen.
- Eischnee vorsichtig unterheben und die Masse in eine mit Olivenöl ausgestrichene und mit Paniermehl ausgekleidete Backform von 26 cm Durchmesser geben und gleichmäßig darin verteilen. Pinienkerne darüberstreuen. Im vorgeheizten Backofen bei 180 °C etwa 35 Minuten backen und den fertigen Kuchen sofort servieren.
- Zu diesem Hauptgericht passt ein knackiger Frühlingssalat – und im Sommer kann man den Kuchen auch kalt als Vorspeise mit Salat servieren.

TIPP: Wer's gerne pikanter mag, ersetzt den Parmesan durch Pecorino (Schafskäse).

19 cl≈
6 1/4 oz.≈
VINO

gallo

A
SPARAGI

Asparagi
Spargel

Langsam tritt die alte Frau in die Pedale, irgendwo in der Nähe von Chioggia in Venetien. Dann hält sie an, steigt von ihrem Rad und geht einige Schritte ins Gras. Mit einem Messer schneidet sie langstielige Pflanzen und legt sie behutsam in ein Körbchen. Sie erntet wild wachsenden Spargel, der auf den sandigen Böden entlang des Po und im Po-Delta wächst – der schmackhafteste und zarteste Spargel, den es überhaupt gibt. Natürlich kann man ihn auch in kleinen Bündeln auf dem Markt kaufen. Meistens aber wird grüner oder weißer Spargel aus der Region angeboten – persönlich schätze ich den Beelitzer am meisten. Der in Italien beliebte weiße Spargel aus der Region von Bassano del Grappa in Venetien oder die purpurne ligurische Sorte Violetto di Albenga ist nördlich der Alpen schwer zu bekommen.

Spargel ist ein dankbares Gemüse, da es sich für vielerlei Gerichte verwenden lässt, und die Rüstabfälle, also alles, was beim Schälen und Putzen der Stangen anfällt, sind genauso brauchbar wie die zarten Spitzen. Wer einen Spargelrisotto mit dem Wasser zubereitet, in dem der Spargel samt Rüstabfällen gekocht wurde, erhält ein ungleich aromaintensiveres Gericht. Ob nun aber die Spargelstangen stehend gekocht werden (sodass die Köpfe nicht mit dem Wasser in Berührung gelangen) oder ob man sie zur Gänze ins Wasser taucht und blanchiert, mag jeder selbst entscheiden.

Spargel lässt sich aufs Köstlichste mit Butter, Parmesan und Ei kombinieren. Bei den einfach-delikaten Asparagi alla milanese zum Beispiel wird weißer Spargel mit zerlassener Butter und Parmesan im Backofen gratiniert. Im Norden Italiens gehört ein gekochtes und mit der Gabel zerdrücktes Ei zu den meisten Rezepten. Ich bevorzuge in der Küche den grünen Spargel, weil er sich vielfältiger einsetzen lässt als der weiße und beispielsweise in Verbindung mit Kirschtomaten und Pasta ein farbenfrohes, frühlingshaftes Gericht ergibt. Persönlich schätze ich Spargel vor allem als lauwarmen Salat, etwa in Kombination mit Kartoffeln und getrockneten Tomaten, weil er dann sein Aroma am besten entfaltet. Einige frisch gezupfte Blätter Majoran bilden hier das i-Tüpfelchen.

Asparagi con salsa al basilico
Spargel mit Basilikumsauce

600 g weißer Spargel
4 EL Basilikumblätter
1 Ei
1 EL Weißweinessig
100 ml Olivenöl
Salz

- Spargel waschen, vom Kopf bis zum Stielende schälen und die holzigen Enden abschneiden. Spargelstangen in sprudelndem Salzwasser in etwa 10 Minuten bissfest garen.
- Inzwischen das Ei aufschlagen und mit Basilikum und Weißweinessig in einen Mixer geben. Während des Mixens das Olivenöl langsam einträufeln lassen, bis eine Mayonnaise entstanden ist. Mit Salz abschmecken.
- Mayonnaise über den noch heißen Spargel geben und als Vorspeise servieren.

Asparagi alla milanese
Spargel nach Mailänder Art

600 g weißer Spargel
100 g Butter
50 g geriebener Parmesan
2 EL gehackte glatte Petersilie
Salz

- Spargel waschen, vom Kopf bis zum Stielende schälen und die holzigen Enden abschneiden. Im sprudelnden Salzwasser in etwa 10 Minuten bissfest garen, aus dem Topf nehmen und 30 Minuten auskühlen lassen.
- Eine ofenfeste Form mit Butter ausstreichen und die Spargelstangen säuberlich nebeneinander darin verteilen. Mit Parmesan bestreuen und die zerlassene Butter darübergießen.
- Spargel im vorgeheizten Backofen bei 250 °C etwa 10 Minuten gratinieren. Mit der Petersilie bestreuen und sofort servieren.
- Die Vorspeise serviert man besten mit einem trockenen Weißwein, zum Beispiel einem Greco di Tufo DOC aus Kampanien.

insalatina d'asparagi con pomodori secchi e patatine
Spargelsalat mit getrockneten Tomaten und Kartoffeln

600 g grüner Spargel
50 g getrocknete Tomaten
200 g festkochende Kartoffeln
3 EL Olivenöl
1 EL gehackter Majoran
2 EL gehackte glatte Petersilie
Salz, schwarzer Pfeffer

- Spargel gut waschen, die holzigen Enden abschneiden und die Stangen in etwa 3 cm lange Stücke schneiden. Spargelstücke in einem Topf mit warmem Wasser gerade so bedecken und in etwa 8 Minuten bissfest garen; abgießen und beiseitestellen.
- Kartoffeln schälen, in 1 cm große Würfel schneiden und in einer Pfanne bei niedriger Hitze mit 1 EL Olivenöl goldbraun braten.
- Die getrockneten Tomaten in feine Streifen schneiden und mit dem Spargel und den Kartoffeln vermengen. Majoran und Petersilie unterheben, mit Salz und Pfeffer abschmecken und das restliche Olivenöl darüber träufeln. Den lauwarmen Salat sofort servieren.

TIPP: Am besten schmeckt der Salat mit Wildspargel, der darf jedoch höchstens 2 bis 3 Minuten gekocht werden.

Lasagne d'asparagi con scamorza affumicata
Lasagne mit Spargel und geräuchertem Scamorza

600 g grüner Spargel
150 g Pastateig (s. Rezept Seite 18)
100 g geräucherter Scamorza
50 g Butter
100 g Kirschtomaten
1 EL gehackte glatte Petersilie
Salz, schwarzer Pfeffer

- Spargel gut waschen, holzige Enden abschneiden und Stangen in etwa 3 cm lange Stücke schneiden. Spargelstücke in einem Topf mit warmem Wasser knapp bedecken und in etwa 8 Minuten bissfest garen.
- Inzwischen den Pastateig mit einer Nudelmaschine auf der zweithöchsten Stufe dünn ausrollen (alternativ ein Nudelholz benutzen) und in 5 cm breite Streifen schneiden. Pastastreifen 2 Minuten in sprudelndem Salzwasser kochen, vorsichtig herausheben und auf ein Küchentuch legen.
- Eine feuerfeste Auflaufform mit Butter ausstreichen und locker mit Spargelstückchen und Pastastreifen belegen. Dazwischen eine Schicht mit Kirschtomaten und gewürfeltem Scamorza einschichten und locker vermengen. Dabei mit Salz und Pfeffer würzen.
- Zum Schluss die restliche zerlassene Butter darübergießen und die Lasagne im vorgeheizten Backofen bei 250 °C etwa 10 Minuten backen. Mit Petersilie bestreuen und sofort servieren.

Zuppa di asparagina
Wildspargelsuppe

300 g Wildspargel (oder grüner Spargel)
100 g frische Pasta (s. Rezept Seite 18)
1 kleine Zwiebel
3 EL Olivenöl
50 g geriebener Parmesan
500 ml Gemüsebrühe
Salz, schwarzer Pfeffer

- Wildspargel gut waschen, holzige Enden abschneiden und Stangen in kleine Stücke schneiden. Zwiebel schälen und fein hacken. Spargel und Zwiebel mit Olivenöl in einer zugedeckten Pfanne 5 Minuten bissfest garen, nach Bedarf etwas warmes Wasser oder Gemüsebrühe beigeben.
- Inzwischen den Pastateig dünn ausrollen und in Maltagliati (ungleiche Stücke) oder Quadrucci (kleine Rechtecke) schneiden.
- Pasta in der Gemüsebrühe in 2 bis 3 Minuten bissfest kochen, dann das Spargel-Zwiebel-Ragout beigeben, einige Minuten weiterköcheln, mit Salz und Pfeffer würzen und die Suppe in tiefe Teller füllen. Mit Parmesan bestreuen und sofort servieren.

TIPP: Dieses Rezept aus der Emilia-Romagna kann man statt mit Pasta auch gut mit Risottoreis zubereiten, dann nähert sich das Gericht eher einem Risotto an.

Risotto agli asparagi
Spargelrisotto

600 g weißer Spargel
300 g Carnaroli-Reis
1 Zwiebel
50 g Butter
100 ml Weißwein
50 g geriebener Parmesan
2 EL gehackte glatte Petersilie
Salz, schwarzer Pfeffer

- Spargel waschen, vom Kopf bis zum Stielende schälen und die holzigen Enden abschneiden. Das »Rüstzeug« (die Spargelschale und -enden) in 1 l Wasser etwa 10 Minuten kochen, abgießen und das Spargelwasser auffangen und beiseite stellen.
- Spargelstangen in 3 cm große Stücke schneiden und 5 Minuten in sprudelndem Salzwasser kochen, sofort abgießen und beiseite stellen.
- Zwiebel schälen und mit der Hälfte der Butter in einem Topf glasig dünsten, Reis dazugeben und kräftig umrühren. Mit Weißwein aufgießen, verdampfen lassen und den Risotto 10 Minuten bei niedriger Hitze kochen; dabei nach und nach das Spargelwasser dazugeben und immer wieder umrühren.
- Spargelstücke in das Risotto geben und noch 5 Minuten mitgaren, bis ein cremiger, bissfester Risotto entstanden ist. Die restliche Butter und den Parmesan sowie die Petersilie untermischen, mit Salz und Pfeffer würzen und sofort servieren.
- Zu diesem Gericht passt am besten ein Malvasia Salento IGT, ein sortenreiner Malvasia aus Apulien.

Il pane

MANGIARE SANO
ITALIA

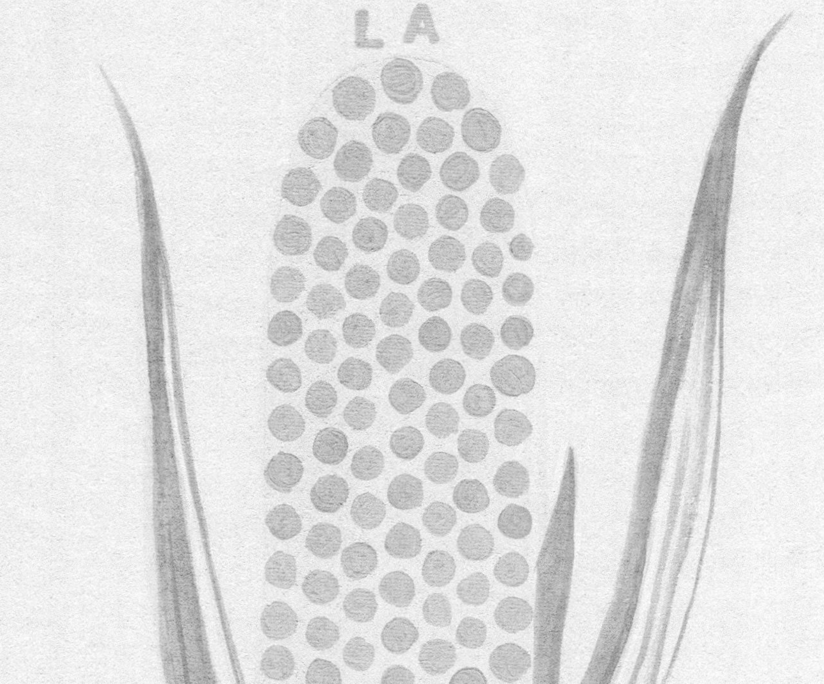
LA
p lENta

Polenta
Mais

Nein, einen Kupferkessel besaß Erminda Gattel in Camino di Oderzo nicht. Aber meine Tante, eine robuste Bäuerin, wusste, wie man Polenta zubereitet – die weiße natürlich, die für den Veneto so typisch, aber mittlerweile selten geworden ist. Mitten im Sommer, den mein Bruder und ich auf ihrem Bauernhof verbrachten, goss sie am Mittag die Polenta aus der Pfanne auf einen riesigen Holzteller, wo sich der Maisbrei augenblicklich zu einem Fladen ausbreitete. Einige Minuten ließ Erminda die Polenta auskühlen, teilte sie dann mit einer dünnen Schnur behende in Portionen und hob die Schnitten mit der Hand auf unsere Teller. Wir Kinder liebten Polenta, und nach einem in der Natur durchtobten Vormittag stürzten wir uns heißhungrig auf den leckeren Maisbrei, den wir pur oder mit ein wenig Butter oder Parmesan verzehrten.

Polenta bezeichnet natürlich nicht den frischen Mais, sondern gekochten Maisgrieß – die einzige Form, in der Mais in der italienischen Küche verwendet wird. In Norditalien und auch im Tessin ist Polenta sehr beliebt und wird traditionell im Kupferkessel über dem offenen Feuer zubereitet. Dabei darf der Maisbrei nie aus den Augen gelassen und muss stetig gerührt werden, weil er sonst rasch und unbarmherzig anbrennt. Und ein altes Sprichwort sagt, dass die Polenta nur wirklich gut wird, wenn alle, die sich später am Tisch daran laben, auch einmal darin gerührt haben.

Polenta ist das Arme-Leute-Essen schlechthin und wird heute in drei Mahlsorten angeboten: fein, mittel und grobkörnig – letztere kennt man auch unter dem Namen Bramata. Die weiße Polenta nennt sich Biancoperla (weiße Perle) und wird nur noch im Veneto kultiviert. Welche Sorte in der Küche eingesetzt wird, hängt vom Rezept ab: Wer eine cremige Polenta wünscht, nimmt die feine Mahlung, wer sie schön weich, aber nicht flüssig will, wählt die mittlere, und die Bramata-Mahlung ergibt in der Regel eine feste Polenta, die man hernach, wenn zu viel übriggeblieben ist, auch weiter verwenden kann, indem man zum Beispiel zwei Scheiben wie ein Sandwich mit Käse belegt und in Butter brät.

Ich selbst habe früher lieber mit der mittleren Mahlung gekocht, heute bevorzuge ich die Bramata, weil sie mehr Geschmack besitzt. Wer es ganz exklusiv mag, findet im Feinkostladen auch Polenta aus schwarzem oder rotem Mais – seltene Sorten, die den gängigen Sorten geschmacklich nicht unbedingt überlegen sind. Als Faustregel gilt: Weiße Polenta passt zu Fisch, gelbe zu Fleisch.

Mais ist übrigens das einzige »Gemüse«, das neben Kürbis in der italienischen Küche auch für Süßspeisen eingesetzt wird, zum Beispiel für einen leckeren Polentakuchen, der mit Rosinen und Mandelsplittern zubereitet wird.

Polenta con porcini
Polenta mit Steinpilzen

100 g Bramata-Polenta
500 g Steinpilze (zur Not auch tiefgekühlte oder 30 g getrocknete)
400 ml Wasser
1 TL Salz
50 g Sahne
1 Knoblauchzehe
50 g Butter
100 ml Weißwein
3 EL gehackte glatte Petersilie
schwarzer Pfeffer

- Wasser bis zum Siedepunkt erhitzen, Salz dazugeben, Polenta einrieseln lassen und gleichzeitig mit einem Holzlöffel stetig rühren, damit sich keine Klumpen bilden. Die Polenta bei niedrigster Hitze mindestens 40 Minuten köcheln lassen, dabei immer wieder umrühren und nach und nach die Sahne dazugeben, damit sie nicht zu trocken wird.
- In der Zwischenzeit die Steinpilze putzen und in Scheiben schneiden. Die Knoblauchzehe fein hacken.
- In einer Pfanne die Butter aufschäumen, Steinpilze und Knoblauch dazugeben, mit Pfeffer würzen und einigen Minuten dünsten. Mit Weißwein aufgießen und einige Minuten einköcheln lassen.
- Die Polenta in tiefe Teller verteilen, die gebratenen Steinpilze darübergeben, mit Petersilie bestreuen und sofort servieren.

TIPP: Dieses köstliche Gericht wurde mir erstmals nach einem Spaziergang durch das wunderschön verschneite Rosegg-Tal im Engadin serviert. Es ist ein wunderbares Wintergericht!

Polenta con le erbe al gorgonzola
Kräuterpolenta mit Gorgonzola

100 g Polenta (mittlere Mahlung)
200 g Gorgonzola cremoso
500 ml Wasser
1 TL Salz
3 EL frischer Thymian
2 EL gehackter Salbei
1 EL gehacktes Basilikum
3 EL gehackte glatte Petersilie
schwarzer Pfeffer

- Wasser bis zum Siedepunkt erhitzen, Salz dazugeben, Polenta einrieseln lassen und gleichzeitig mit einem Holzlöffel stetig rühren, damit sich keine Klumpen bilden. Die Polenta bei niedrigster Hitze mindestens 40 Minuten köcheln lassen, dabei immer wieder umrühren.
- Zum Schluss die Kräuter und den in Stücke geschnittenen Gorgonzola unterrühren und nach Belieben mit Pfeffer würzen.
- Als Beilage eignen sich geschmorte Gemüse, zum Beispiel Karotten mit Marsala (s. Rezept Seite 125) oder gedünsteter Radicchio (s. Rezept Seite 158).

Pizza di polenta
Pizza mit Polenta

100 g Polenta (mittlere Mahlung)
500 ml Wasser
1 TL Salz
1 Dose Pelati-Tomaten
300 g Mozzarella
2 EL gehackter Oregano
Olivenöl

- Das Wasser bis zum Siedepunkt erhitzen, Salz dazugeben, die Polenta einrieseln lassen und gleichzeitig mit einem Holzlöffel stetig rühren, damit sich keine Klumpen bilden. Die Polenta bei niedrigster Hitze mindestens 40 Minuten köcheln lassen, dabei immer wieder umrühren.
- Polenta auf ein mit Olivenöl ausgestrichenes Backblech geben und mit einem Spachtel gleichmäßig darauf verteilen.
- Tomaten gut abtropfen lassen, in eine Schüssel geben und mit einer Gabel zerdrücken. Gleichmäßig auf der Polenta verteilen. Mozzarella in Würfel schneiden und ebenfalls gut verteilen.
- Zum Schluss den Oregano darüberstreuen und die Pizza im vorgeheizten Backofen bei 180 °C in 30 bis 35 Minuten goldbraun backen. Dazu passt ein knackiger grüner Salat.

Polenta fritta con zucchine e formaggio
Gebratene Polenta mit Zucchini und Käse

100 g Bramata-Polenta
2 mittlere Zucchini
200 g Fontinakäse
500 ml Wasser
1 TL Salz
50 g Sahne
1 Knoblauchzehe
50 g Butter
1 EL gehackte glatte Petersilie
schwarzer Pfeffer

- Das Wasser bis zum Siedepunkt erhitzen, Salz dazugeben, die Polenta einrieseln lassen und gleichzeitig mit einem Holzlöffel stetig rühren, damit sich keine Klumpen bilden. Die Polenta bei niedrigster Hitze mindestens 40 Minuten köcheln lassen, dabei immer wieder umrühren und nach und nach die Sahne dazugeben, damit die Masse nicht zu trocken wird. In eine viereckige Plastikschale geben und vollständig auskühlen lassen.
- Zucchini putzen, in dünne Scheiben schneiden und mit dem gehackten Knoblauch und der Hälfte der Butter in einer Pfanne bei niedriger Hitze braten, bis sie gabelzart sind; vom Herd nehmen.
- Polenta in rechteckige Scheiben schneiden und diese mit der restlichen Butter in der Pfanne bei mittlerer Hitze beidseitig goldbraun braten (aufpassen, kann spritzen!).
- Polentascheiben mit den Zucchini und dem in dünne Scheiben geschnittenen Fontinakäse belegen, dann so lange zugedeckt weiterbraten, bis der Käse geschmolzen ist. Mit Petersilie bestreuen, mit Pfeffer abschmecken und sofort servieren.
- Dazu passt ideal geschmorter Radicchio (Rezept s. Seite 158) oder Rucola.

Torta di polenta
Polentakuchen

200 g Polenta (feine Mahlung)
1 l Wasser
1 TL Salz
100 g Zucker
100 g Honig
1 TL abgeriebene Orangenschale
1 TL abgeriebene Zitronenschale
50 ml Olivenöl
50 ml Milch
200 g Rosinen
100 g Mandelsplitter
2 Eier
Butter
Mehl

- Wasser bis zum Siedepunkt erhitzen, Salz dazugeben, die Polenta einrieseln lassen und gleichzeitig mit einem Holzlöffel stetig rühren, damit sich keine Klumpen bilden. Die Polenta bei niedrigster Hitze mindestens 40 Minuten köcheln lassen, dabei immer wieder umrühren. Die Polenta muss zum Schluss noch schön flüssig sein.
- Maisbrei in eine Schüssel geben und die restlichen Zutaten gut untermengen. Eine Backform (Durchmesser 26 cm) mit Butter ausstreichen und mit Mehl bestäuben. Den Kuchenteig in die Backform geben und im vorgeheizten Backofen bei 180 °C etwa 60 Minuten backen.
- Dieser Kuchen schmeckt sowohl warm als auch kalt und am besten in Begleitung eines Marsala.

Polenta in bianco
Überbackene Polenta

500 g gekochte Polenta (mittlere Mahlung) (s. Rezept Seite 19)
1 EL Olivenöl
100 g Fontina-Käse
1 Büffelmozzarella
1 EL getrockneter Oregano
100 g Taleggio
1 TL Peperoncino-Pulver
100 g geriebener Parmesan
1 EL Butter
250 g Sahne
Salz, schwarzer Pfeffer

- Eine Kastenform von 20 cm Länge mit ein wenig Olivenöl ausstreichen und Polenta in 1/2 cm dünne Scheiben schneiden. Den Boden der Form mit einer Schicht Polenta bedecken, mit dem klein geschnittenen Fontina-Käse belegen und leicht salzen.
- Eine zweite Schicht Polenta darauflegen, den gewürfelten Mozzarella darauf verteilen und mit Oregano würzen. Es folgt wieder eine Schicht Polenta, dann der gewürfelte Taleggio; diese Schicht mit Pfeffer und Peperoncino-Pulver würzen.
- Mit einer Schicht Polenta abschließen, mit Parmesan bestreuen, die Butter in Flocken darauf verteilen und Sahne darübergeben. Im vorgeheizten Backofen bei 200 °C etwa 30 Minuten backen und sofort servieren.
- Das deftige Hauptgericht, das man gut mit einem grünen Salat begleiten kann, verlangt nach einem kräftigen Weißwein, etwa einem Vernaccia di San Gimignano DOC.

la pastasciutta

RINOMATA SPECIALITA'
AMARETTI
della
RIVIERA delle PALME

Funghi

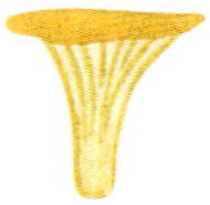

Funghi
Pilze

Ab September kommen sie in die Läden, diese Früchte des Waldes: Steinpilze und Pfifferlinge, später folgen die schwarzen und weißen Trüffel – sie sind die klassischen Pilze der italienischen Küche, und ihre Aromen sind konkurrenzlos gut! Kein Vergleich mit den in Höhlen gezüchteten Champignons. Und weil Italien ein hügeliges, waldreiches Land ist – vom Alpenbogen im Norden über den Apennin bis nach Kalabrien –, findet man Pilzgerichte auch in den unterschiedlichsten Regionen.

Meine erste Bekanntschaft mit einer weißen Trüffel machte ich in einem Luxusrestaurant in Turin. Ich hatte einen Termin in der Stadt bewusst so lange hinausgezögert, bis die Trüffelhunde die ersten Knollen aus der lockeren Erde unter den piemontesischen Eichen hervorgescharrt hatten. Enttäuscht wurde ich nicht – nur der Preis, der danach auf der Rechnung stand, bereitete mir etwas Magengrimmen. So richtig zu schätzen lernte ich Pilzgerichte in Italien erst, als mir der Chef des »La Conchiglia« im ligurischen Arma di Taggia empfahl, rohe und dünn aufgeschnittene Ovoli (Kaiserlinge) mit sanft gegarten Tintenfischchen aus der Lagune von San Remo zu probieren – ich schwöre, ich führe sofort wieder hin, wenn das Gericht auf der Karte stünde!

Roh oder kurz gegart verzaubern Pilze so einfache italienische Gerichte wie frisch zubereitete Pasta, Gnocchi oder Risotti mit einer verschwenderischen Fülle an Aromen. Ravioli mit Steinpilzfüllung etwa sind ein Klassiker der italienischen Küche. Rührei mit weißen Trüffeln gilt vielen Gourmets als kulinarischer Höhepunkt. Und weil die eigenen Aromen so ausgeprägt sind, würzt man Pilze am besten nur mit Knoblauch und Pfeffer.

Natürlich müssen Pilze bei der Zubereitung immer ganz frisch sein und sind deshalb auch entsprechend kostspielig. Aber wer sich im Herbst, wenn die wärmende Herbstsonne, von Regenfällen unterbrochen, die Pilze sprichwörtlich aus dem Boden schießen lässt, selbst auf die Suche macht, wird oft reichlich belohnt. Besonders das nordostitalienische Friaul ist ein wahres Paradies für alle Pilzliebhaber.

Steinpilze gibt es auch in getrockneter oder gefrorener Form zu kaufen. Die getrockneten eignen sich gut, um den frischen noch ein wenig Aroma beizusteuern, wenn man sie ganz fein gerieben mit in die Pfanne gibt. Die gefrorenen können als Ersatz für frische Pilze dienen, sollten dann aber mit getrockneten zusätzlich aromatisiert werden.

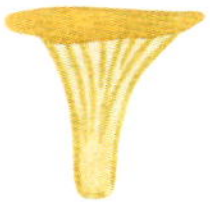

Carpaccio di verdura e porcini
Carpaccio vom Steinpilz und Gemüse

100 g frische Steinpilze
300 g gemischtes Gemüse (z. B. Gurken, Zucchini, Fenchel, Staudensellerie)
3 EL Zitronensaft
4 EL Olivenöl
1 EL Balsamico-Essig
100 g Parmesan am Stück
2 EL Basilikumblätter
1 EL gehackte glatte Petersilie
1 Prise Salz
schwarzer Pfeffer

- Gemüse waschen, trockentupfen und in gleichmäßig große Scheiben schneiden. Die Steinpilze gründlich säubern und in gleichmäßig dünne Scheiben schneiden.
- Gemüse vorsichtig in einer Schüssel vermengen und auf vier Tellern anrichten. Steinpilzscheiben darüber verteilen.
- Zitronensaft, Olivenöl, Balsamico und Salz mit einer Gabel zu einer Emulsion verrühren und über die Steinpilze träufeln, Pfeffer aus der Mühle darübergeben. Die Teller zugedeckt 30 Minuten ruhen lassen.
- Zum Schluss den Parmesan über Gemüse und Steinpilze hobeln, mit Basilikumblättern und Petersilie garnieren und sofort servieren.
- Zu dieser Vorspeise passen ofenfrisches Baguette und ein sehr trockener Weißwein, zum Beispiel ein Fiano d'Avellino aus Kampanien.

Teste di funghi ripiene
Gefüllte Steinpilzköpfe

12 mittelgroße Steinpilze
50 g Toastbrot
4 EL Milch
1 Knoblauchzehe
1 Ei
4 EL geriebener Parmesan
1 TL frischer Majoran
1 TL frischer Oregano
4 EL Olivenöl
Salz, schwarzer Pfeffer

- Pilzstiele vorsichtig von den Köpfen trennen und die Köpfe mit einem feuchten Tüchlein vorsichtig säubern und trockentupfen.
- Toastbrot entrinden und in der Milch einweichen; dann gut ausdrücken. Pilzstiele mit einem Messer säubern und dann mit Knoblauch, Brot, 1 Prise Salz und Pfeffer im Cutter kurz zerhacken.
- Die Masse in einer Schüssel mit dem Ei, Parmesan und Kräutern gründlich verrühren und die Pilzköpfe damit füllen. Mit einem feuchten Messer glattstreichen.
- Die gefüllten Pilzköpfe in eine gefettete Backform geben, mit Olivenöl beträufeln und im vorgeheizten Backofen bei 160 °C etwa 40 Minuten backen und sofort servieren.
- Zu dieser Vorspeise passt ausgezeichnet ein Feldsalat.

Finferli in padella con insalatina di radicchio
Gebratene Pfifferlinge auf Radicchiosalat

400 g Pfifferlinge
2 mittelgroße Köpfe Radicchio
2 EL Olivenöl
1 Knoblauchzehe
3 EL Butter
100 ml trockener Weißwein
schwarzer Pfeffer

- Radicchio entblättern, waschen und gründlich trocknen. Die Blätter auf vier Tellern anrichten und mit Olivenöl beträufeln.
- Pfifferlinge gründlich säubern und mit der fein gehackten Knoblauchzehe in der Butter in einer Pfanne 3 Minuten bei großer Hitze braten. Den Weißwein dazugeben und weitere 3 Minuten verdampfen lassen. Mit Pfeffer abschmecken, Pfifferlinge auf dem Salat verteilen und sofort servieren.
- Dazu passen ofenfrisches Baguette und ein Monferrato DOC, der zu 50 % aus Barbera- und zu 30 % aus Cabernet-Sauvignon-Trauben gekeltert wird.

TIPP: Verzichten Sie bei diesem Salat auf Essig, denn die Säure aus dem Weißwein genügt gänzlich, um sich mit dem Olivenöl auf dem Salat zu verbinden. Wer dieses Gericht veredeln will, nimmt einen Aceto Balsamico Tradizionale und gibt einige Tropfen davon auf den Salat.

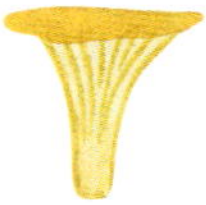

Frittata con gambi di porcini
Eierkuchen mit den Stielen von Steinpilzen

400 g Steinpilze (nur die Stiele)
6 Eier
1 Knoblauchzehe
4 EL Butter
50 g geriebener Parmesan
2 EL gehackte glatte Petersilie
Mehl
schwarzer Pfeffer

- Steinpilzstiele gründlich säubern, in kleine Stücke schneiden und mit der gehackten Knoblauchzehe und 3 EL Butter in einer Pfanne kurz anbraten. Pilze in eine Schüssel geben, mit den Eiern, Parmesan und Petersilie verrühren und mit Pfeffer abschmecken.
- Eine Backform (Durchmesser 26 cm) mit der restlichen Butter ausstreichen und mit Mehl bestäuben. Die Masse einfüllen und im vorgeheizten Backofen bei 180 °C etwa 30 Minuten backen, bis sich die Oberfläche goldbraun gefärbt hat. Sofort servieren.
- Dazu passt ausgezeichnet ein herbstlicher Salat mit Knoblauchcroûtons und einigen entsteinten schwarzen Oliven.

Gnocchi con finferli
Kartoffelgnocchi mit Pfifferlingen

300 g Gnocchi (s. Rezept Seite 22)
300 g Pfifferlinge
1 Knoblauchzehe
30 g Butter
100 ml Weißwein
100 g Sahne
2 EL gehackte glatte Petersilie
4 EL geriebener Parmesan
Salz, schwarzer Pfeffer

- Pfifferlinge gründlich säubern und mit der gehackten Knoblauchzehe in einer Pfanne mit der Butter 5 Minuten bei großer Hitze braten. Mit Weißwein aufgießen, zur Hälfte einkochen lassen und dann die Sahne dazugeben; durchrühren und warmstellen.
- Gnocchi im sprudelnden Salzwasser kochen, bis sie an die Oberfläche schwimmen. Mit dem Schöpflöffel herausheben und in die Pfanne zu den Pfifferlingen geben. Pilze und Gnocchi vorsichtig mischen und nochmals kurz aufkochen lassen. Mit Salz und Pfeffer abschmecken.
- Auf vier Teller verteilen, mit Petersilie und Parmesan bestreuen und sofort servieren.

Ravioli con ripieno di porcini
Mit Steinpilzen gefüllte Ravioli

200 g Pastateig (s. Rezept Seite 18)
400 g Steinpilze
1 Knoblauchzehe
30 g Butter
2 EL gehackte glatte Petersilie
80 g geriebener Parmesan
30 g Paniermehl
150 g Sahne
Salz, schwarzer Pfeffer

- 300 g Steinpilze mit einem feuchten Tüchlein gründlich säubern und in etwa 5 mm große Stücke schneiden. Mit der geschälten und gehackten Knoblauchzehe und zwei Drittel der Butter in einer Pfanne bei großer Hitze braten.
- Pilze in eine Schüssel geben, mit Petersilie, 50 g Parmesan und Paniermehl zu einer homogenen Masse verrühren und mit Pfeffer abschmecken.
- Die restlichen Steinpilze in grobe Stücke schneiden und mit der restlichen Butter bei großer Hitze 2 Minuten braten; die Pfanne vom Herd nehmen.
- Den Pastateig hauchdünn ausrollen und in 40 etwa 10 cm große Quadrate schneiden. Die Pilz-Parmesan-Mischung mit einem Teelöffel in die Mitte der Quadrate geben und die Teigblätter diagonal verschließen; mit den Fingern gut andrücken.
- Ravioli in knapp sprudelndem Salzwasser 3 Minuten ziehen lassen, mit einem Schöpflöffel vorsichtig herausheben und in die Pfanne mit den gebratenen Steinpilzen geben. Mit Sahne aufgießen und die Ravioli mit den Steinpilzen bei großer Hitze 3 Minuten kochen, vorsichtig mit einem Holzlöffel wenden.
- Ravioli auf Teller verteilen, mit dem restlichen Parmesan bestreuen und servieren.

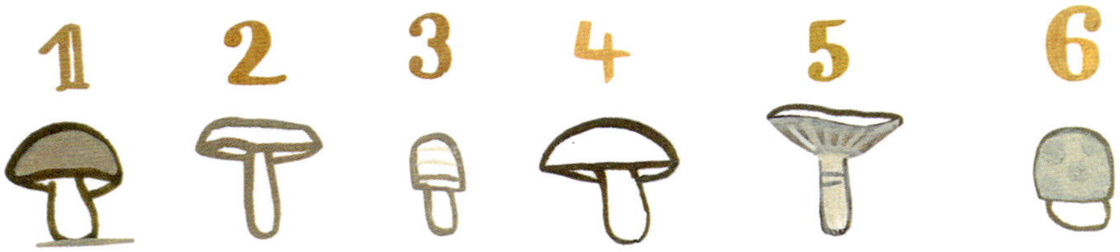

sapore della tradizione

GELONE

prataiolo

porcini

finferlo

LA
ZUCCA

Zucca
Kürbis

Lombardei, Veneto und Sizilien – das sind die drei Regionen Italiens, in denen der Kürbis schon seit Jahrhunderten auf den Speiseplänen steht und auch heute noch den Winter hindurch die Tafeln bereichert. Eine der beliebtesten italienischen Kürbissorten ist der grau-grüne Marina di Chioggia, der bis zu sieben Kilo schwer wird und bis zu acht Monate gelagert werden kann. Das Gemüse eignet sich für beinahe alles, was die italienische Hausfrau an Grundrezepten bereithält: für Gnocchi und Ravioli, für Risotto, als Beilage und sogar als süßer Kuchen zum Dessert. Allerdings sollte man immer dafür sorgen, dass die Süße des Kürbis aufgefangen und nicht verstärkt wird – jedenfalls, wenn man ihn als Gemüse verwendet.

So passierte es mir eines Abends in einem vegetarischen Luxusrestaurant in Mailand, dass die Kürbissuppe mit Amaretti verfeinert war und ich mich mitten in einem mehrgängigen Menü ärgerlicherweise bereits beim Dessert wähnte. Daran hat auch nichts geändert, dass am Boden der in einem Glas servierten Suppe eine geeiste Kräuterscheibe lag, die der Süße ein wenig entgegensteuern sollte. Sie tat es nicht, weil mir der Kellner quasi verboten hatte, die Kräuter mit der Suppe zu mischen – ich habe das bis heute nicht begriffen. Gedankenlosigkeit in der Küche jedenfalls wird unbarmherzig bestraft. Wenn Kürbis schon mit Amaretti verfeinert wird, was durchaus Sinn ergibt, dann braucht es einen starken herzhaften Akzent, um die Süße aufzufangen – etwa Senffrüchte und Parmesan, eine Kombination, die zum Beispiel eine köstliche Füllung für Ravioli ergibt.

Die wohl häufigste Zubereitungsform für Kürbis ist die Suppe, und natürlich schmeckt Kürbissuppe per se, aber sie sollte doch noch verfeinert werden, mit Kräutern oder anderem Gemüse, einer Kartoffel zum Beispiel. Oder mit Radicchio, der mit seinem leicht bitteren Aroma bestens mit dem süßlichen Kürbis harmoniert. Als Beilage muss Kürbis nicht unbedingt im Ofen geschmort werden, bevor er weiterverwendet wird; man kann ihn ebensogut in Salzwasser kochen. Nur eines braucht man bei diesem Gemüse: Geduld und Zeit, bis die doch recht harte Textur des Kürbisfleischs in eine cremige Konsistenz verwandelt wird. Für eilige Köche eignet sich dieses Gemüse also nicht.

Minestra di zucca e fagioli
Kürbis-Bohnen-Suppe

200 g Kürbisfleisch
(z. B. Marina di Chioggia, Hokkaido)
300 g Cannellini-Bohnen
1 Karotte
1 Stange vom Staudensellerie
1 Knoblauch
500 ml warme Milch
1 Zwiebel
2 EL Olivenöl
2–3 Scheiben altbackenes Brot
1 EL gehackte glatte Petersilie
Salz

- Bohnen über Nacht in kaltem Wasser einweichen, dann abgießen und in einen Topf mit 1,5 l kaltem Wasser geben.
- Die ganze (geschälte) Karotte, den Staudensellerie und den geschälten Knoblauch dazugeben und die Bohnen etwa 1 Stunde lang kochen, bis sie beinahe gar sind. Das Gemüse aus dem Topf entfernen und die Hälfte des Kochwassers abgießen.
- Den in Würfel geschnittenen Kürbis und die Milch zu den Bohnen geben und weiterkochen, bis eine cremige Konsistenz erreicht ist; dann mit Salz würzen.
- Zwiebel schälen, grob hacken und in Olivenöl dünsten. Das gewürfelte Brot dazugeben und mit der Zwiebel rösten. Brot-Zwiebel-Mischung auf vier tiefe Teller verteilen und die heiße Suppe darübergeben. Mit Petersilie garnieren und servieren.
- Dazu passt ein Negroamoro aus Sizilien.

Crema di zucca al radicchio
Kürbiscremesuppe mit Radicchio

600 g Kürbisfleisch
(z. B. Marina di Chioggia, Hokkaido)
200 g Radicchio di Treviso
1 Zwiebel
2 EL Olivenöl
2 EL Marsala
1 l heiße Gemüsebrühe
1 große mehligkochende Kartoffel
1 Messerspitze geriebene Muskatnuss
2 EL geriebener Parmesan
Salz

- Zwiebel schälen und in feine Scheiben schneiden. Kürbis würfeln und mit der Zwiebel und dem Olivenöl 5 Minuten dünsten. Die Gemüsebrühe und die geschälte und gewürfelte Kartoffel dazugeben und 30 Minuten bei großer Hitze kochen. Dann abgießen und im Mixer pürieren.
- Radicchio gut waschen, abtropfen, in feine Streifen schneiden und 5 Minuten in Marsala dünsten. Die pürierte Kürbissuppe zurück in den Topf geben, mit Muskatnuss würzen und mit Salz abschmecken.
- Radicchio dazugeben, nochmals aufkochen lassen und 2 Minuten weiter kochen. Kürbiscremesuppe in tiefe Teller füllen, mit Parmesan bestreuen und sofort servieren.
- Dazu passt am besten ein aromareicher Weißwein, zum Beispiel ein Chardonnay aus Sizilien von Planeta.

Risotto con la zucca
Kürbisrisotto

400 g Kürbisfleisch
(z. B. Marina di Chioggia, Hokkaido)
320 g Carnaroli-Reis
2 Schalotten
1 Knoblauchzehe
1 Rosmarinzweig
50 g Butter
3 EL Olivenöl
100 ml Weißwein
500 ml heiße Gemüsebrühe
150 g geriebener Parmesan
Salz, schwarzer Pfeffer

- Kürbisfleisch in kleine Würfel schneiden, Schalotten und Knoblauch schälen und fein hacken. Rosmarinnadeln ebenfalls fein hacken.
- Butter und Olivenöl in einer Pfanne erhitzen und Knoblauch, Schalotten und Rosmarin einige Minuten darin dünsten. Kürbisfleisch dazugeben, mit Weißwein ablöschen und zugedeckt gabelzart garen.
- Dann den Reis einrühren, nach und nach Gemüsebrühe zugeben und den Reis bissfest kochen. Zum Schluss mit Salz und Pfeffer würzen, Parmesan untermischen und sofort servieren.
- Ein Weißwein aus dem Südtirol, etwa ein Terlaner aus der Genossenschaftskellerei Terlan, darf bei diesem Gericht natürlich nicht fehlen – Rotwein würde die zarten Aromen überdecken.

TIPP: Das Originalrezept der Risotteria Melotti in der Nähe von Verona sieht vor, dass der Reis separat in der Gemüsebrühe gekocht wird und das Kürbisfleisch erst etwa 5 Minuten vor Ende der Garzeit (etwa nach 15 Minuten) beigefügt wird. Krimi-Autorin Donna Leon indessen gibt dem Rezept den Vorzug, das den Kürbis zusammen mit dem Reis kocht, würde aber gemäß dem Rezept ihrer Freundin Roberta Pianaro auf den Rosmarin verzichten …

Zucca Cucina e Libri
Kürbis à la Cucina e Libri

600 g Kürbisfleisch
(z. B. Marina di Chioggia, Hokkaido)
1 Schalotte
70 g Butter
200 ml heißes Wasser
200 ml Marsala
3 EL gehackte glatte Petersilie
50 g Pecorino am Stück
schwarzer Pfeffer

- Schalotte schälen, in feine Scheiben schneiden und mit der Butter in einer Pfanne dünsten. Das in etwa 3 cm große Würfel geschnittene Kürbisfleisch dazugeben und wenige Minuten mitdünsten.
- Mit dem Wasser und dem Marsala aufgießen und den Kürbis zugedeckt bei mittlerer Hitze in 30 Minuten gabelzart garen; bei Bedarf noch Marsala nachgießen, damit der Kürbis nicht anbrennt.
- Zum Schluss mit Pfeffer würzen, den Kürbis auf vier Teller verteilen, mit Petersilie garnieren, Pecorino darüber hobeln und sofort servieren.
- Dazu hausgemachte Focaccia (s. Rezept Seite 23) und einige frische oder getrocknete Feigen servieren, und der Abend ist perfekt! Natürlich sollte das Gericht auch von einem guten Landwein begleitet werden, es darf zur Abwechslung auch mal ein Chianti sein.

Gnocchi di zucca
Kürbisgnocchi

400 g Kürbisfleisch
(z. B. Marina di Chioggia, Hokkaido)
200 g Mehl
1 Prise Zucker
2 Eier
50 g Butter
2 EL frische Salbeiblätter
50 g geriebener Parmesan
Salz, schwarzer Pfeffer

- Kürbisfleisch in grobe Stücke schneiden und entweder in wenig Wasser oder auf einem Backblech im vorgeheizten Backofen bei 180 °C etwa 30 Minuten garen und danach auskühlen lassen.
- Kürbis mit der Gabel zerdrücken, Mehl, Zucker und Eier untermischen und mit den Händen zu einer homogenen Masse verkneten; bei Bedarf und je nach Beschaffenheit des Kürbis noch mehr Mehl unterkneten. Aus der Masse etwa fingerdicke Rollen formen und diese in etwa 2 cm lange Stücke zerteilen. Die Gnocchi in sprudelndem Salzwasser kochen, bis sie an der Oberfläche schwimmen.
- Inzwischen die Butter mit dem Salbei aufschäumen. Die Gnocchi mit einer Schöpfkelle vorsichtig aus dem Wasser heben, abtropfen lassen und in vorgewärmte Suppenteller füllen, mit Salz und Pfeffer abschmecken. Salbeibutter darübergießen, mit Parmesan bestreuen und sofort servieren.

Ravioli alla zucca
Kürbisravioli

1 kg Kürbisfleisch
(z. B. Marina di Chioggia, Hokkaido)
200 g Pastateig (s. Rezept Seite 18)
100 g Amaretti
150 g Senffrüchte (Mostarda; aus dem Feinkostladen)
300 g geriebener Parmesan
80 g Butter
3 EL frische Salbeiblätter
Salz, schwarzer Pfeffer

- Kürbisfleisch am Vortag in grobe Stücke schneiden und im vorgeheizten Backofen bei 180 °C auf einem gefetteten Blech etwa 30 Minuten schmoren; dann herausnehmen und auskühlen lassen.
- Amaretti zerbröseln und Senffrüchte in kleinste Stücke schneiden. Kürbisfleisch, 250 g Parmesan, Amaretti und Senffrüchte zu einer homogenen Masse vermengen und mit Salz und Pfeffer würzen; darauf achten, dass die Masse schön trocken wird. Gegebenenfalls weitere Amarettibrösel dazugeben. Die Masse über Nacht in den Kühlschrank stellen.
- Den Pastateig hauchdünn ausrollen und in 40 Quadrate von 10 x 10 cm Größe schneiden. Je 1 TL Kürbismasse auf ein Teigquadrat geben und die Ränder der Teigblätter mit einem Pinsel leicht anfeuchten. Die Quadrate diagonal zuklappen und die Ränder gut andrücken. Ravioli sofort in sprudelndem Salzwasser 3 Minuten ziehen lassen, bis sie an der Oberfläche schwimmen.
- Inzwischen die Butter mit dem Salbei aufschäumen. Ravioli mit einer Schöpfkelle vorsichtig aus dem Wasser heben und in vier tiefe Teller fülen. Salbeibutter darübergießen, den restlichen Parmesan darüberstreuen und sofort servieren.
- Dazu passt am besten ein feines Landbrot oder auch ein Brot mit Kürbiskernen.

Torta di zucca
Kürbiskuchen

1 kg Kürbisfleisch
(z. B. Marina di Chioggia, Hokkaido)
100 g Sultaninen
100 ml Rum
200 ml Milch
200 g altbackenes Brot
100 g Amaretti
1 unbehandelte Orange
200 g Zucker
50 g Pinienkerne
2 Eier
Butter
Mehl

- Kürbisfleisch in grobe Stücke schneiden und entweder in wenig Wasser oder auf einem Backblech im vorgeheizten Backofen bei 180 °C etwa 30 Minuten garen und danach auskühlen lassen.
- Sultaninen im Rum 20 Minuten einweichen. Kürbis mit der Milch im Mixer pürieren, die Masse in eine Schüssel geben und die gut ausgedrückten Sultaninen unterziehen. Das altbackene Brot und die Amaretti fein verreiben und ebenfalls dazugeben. Die Orangenschale abreiben, den Saft auspressen und beides mit Zucker, Pinienkernen und Eigelb zur Kürbismasse geben und alles gut vermengen. Das Eiweiß steif schlagen und sorgfältig unter die Masse heben.
- Eine Backform (26 cm Durchmesser) mit Butter aussteichen und mit Mehl bestäuben. Die Kürbismasse in der Form verteilen und im vorgeheizten Backofen bei 180 °C etwa 1 Stunde backen.
- Dieses Dessert schmeckt am besten lauwarm und in Begleitung eines Marsala.

TIPP: Diesen Tessiner Kuchen am besten vor dem Verzehr einen Tag lang im Kühlschrank aufbewahren, so können sich die Aromen besser miteinander verbinden. Wagemutige mischen der Masse noch Orangeat bei, um das Orangenaroma zu verstärken. Mir schmeckt dieser Kuchen besonders, weil er ohne Mehl auskommt. Die Funktion des Mehls übernehmen in meinem Rezept die Amaretti und das altbackene Brot.

CARNE
NO

PASTA
Pasta
URLAUB
stasera si mangia con amici a casa!
hmmm ...
VIALONE NANO
Giorgio
CIAO
GRISSINI

la
c a R
o T a

Carota
Karotte

Die schmackhafte Karotte fristet in der italienischen Küche ein Mauerblümchendasein. Zwar wird ihr süßliches Aroma durchaus geschätzt und in vielen Saucen und Suppen eingesetzt, doch finden sich nur sehr wenige Gerichte, die die Karotte in den Mittelpunkt rücken. Auch in der Küche meiner Mamma und meiner Nonna spielte dieses Gemüse stets eine untergeordnete Rolle und gelangte meist als Beilagengemüse aus dem Wasser gezogen direkt auf den Teller. Das hängt sicher auch mit der Herkunft meiner Familie zusammen, denn im Veneto wird die Karotte zwar gern als Aromaträger kleingewürfelt in allerlei Saucen für Fleischgerichte verwendet, leckere Gemüserezepte hingegen sucht man hier vergeblich.
Dabei lassen sich mit wenig Aufwand ganz zauberhafte Karottengerichte zubereiten, angefangen beim herrlich frischen und noch dazu gesunden Succo di carote, der ein wunderbarer Frühstückssaft ist, bis hin zu Carote in agrodolce, einem Gericht, in dem sich das süßliche Aroma von Karotten und Rosinen mit dem säuerlichen von Rotwein und Rotweinessig vereint. Die ganz frühen, hellgelben Bündelkarotten mit ihrem satten Blattgrün, die man ab Mai auf den Märkten findet, lassen sich zusammen mit frisch geernteten Erbsen und Schalotten zu einer tollen Beilage verwandeln. Man braucht sie nicht unbedingt zu schälen, und ihr Laub lässt sich für die Zubereitung einer Gemüsebrühe verwenden.
Die besten Karotten – orange-rot, zart und knackig – stammen übrigens aus der Fucino-Hochebene in den Abruzzen; ihre Herkunft wird seit 2007 von der EU geschützt. Ebenfalls zu den leckersten Karotten Italiens gehört die sizilianische Jungkarotte Carota Novella di Ispica.

Succo di carote
Karottensaft

5 mittelgroße Biokarotten
grobes Meersalz
schwarzer Pfeffer
gehackte frische Kräuter (vorzugweise Pfefferminze)

- Karotten in grobe Stücke schneiden und in einen Entsafter geben. Nach Belieben mit grobem Meersalz, Pfeffer und/oder kleingehackten Kräutern würzen und sofort servieren.
- Ein köstlicher Frühstückssaft, der zuverlässig alle müden Geister der Nacht vertreibt.

Mousse di carote
Karottenmousse

750 g Karotten
50 g Butter
100 ml lauwarmes Wasser
2 Eier
300 g Sahne
1 EL Agar Agar
Salz, schwarzer Pfeffer

- Karotten waschen, schälen und mit einer Gemüsereibe zerkleinern. Butter in der Pfanne aufschäumen, die geriebenen Karotten und das lauwarme Wasser dazugeben und 20 Minuten einkochen. Die Karottenmasse in eine Schüssel geben.
- In der Zwischenzeit die Eier trennen und Eiweiß mit 1 Prise Salz steif schlagen. Sahne ebenfalls steif schlagen und beides in den Kühlschrank stellen. Eigelb mit einer Prise Pfeffer verquirlen, Agar Agar mit dem Schneebesen gut einrühren und unter die noch warme Karottenmasse mischen. Danach erst die Sahne und zum Schluss den Eischnee vorsichtig unterheben.
- Karottenmousse in eine Schüssel oder in kleine Gläser füllen und mehrere Stunden im Kühlschrank durchziehen lassen.
- Diese Vorspeise sieht besonders hübsch aus, wenn sie mit einem Minzezweig und gerösteten Pinienkernen dekoriert wird; sie eignet sich auch hervorragend als Beilage zu einem Salat.

Carote al marsala
Karotten mit Marsala

750 g Karotten
50 ml Marsala
50 g Butter
1 Prise Salz
2 EL gehackte glatte Petersilie

- Karotten waschen und schälen, entweder zu einer Julienne (in feine Stifte) oder in Scheiben schneiden.
- Butter in einer Pfanne bis zum ersten Aufschäumen erhitzen, Karotten und eine Prise Salz dazugeben und bei mittlerer Hitze etwa 10 Minuten braten.
- Marsala dazugießen und einige Minuten einkochen lassen. Dann die Hitze auf ein Minimum reduzieren, die Pfanne mit einem Deckel verschließen und Karotten gabelzart kochen; dabei gelegentlich umrühren. Mit Petersilie bestreuen und sofort servieren.
- Zu diesem Gericht passt (auch optisch) wunderbar ein grüner Salat.

Carote con scalogno e menta
Karotten mit Schalotten und Pfefferminze

750 g Karotten
1 Schalotte (oder Zwiebel)
1 EL gehackte Pfefferminze
50 g Butter
1 Prise Zucker

- Karotten waschen und schälen, entweder zu einer Julienne (in feine Stifte) oder in Scheiben schneiden. Die Schalotte schälen und fein hacken.
- Butter in der Pfanne bis zum ersten Aufschäumen erhitzen und Karotten, Schalotte, Zucker und Minze dazugeben, umrühren. Karotten zugedeckt bei sehr niedriger Hitze in etwa 20 Minuten bei gelegentlichem Umrühren gabelzart kochen.
- Dieses robuste Karottengericht passt wunderbar zu einem Gemüsekuchen, z. B. Erbsenkuchen (s. Rezept Seite 85).

Vellutata di carote
Karottencremesuppe

500 g Karotten
Gemüsebrühe nach Belieben
2 EL Butter
2 EL gehackte glatte Petersilie
50 g Croûtons
Salz, schwarzer Pfeffer

- Karotten waschen, schälen, im Ganzen in einen mit Gemüsebrühe gefüllten Topf geben und in 30 Minuten gar kochen.
- Karotten pürieren oder durch ein Passiersieb treiben, mit der Butter vermengen und mit Salz und Pfeffer würzen. Nach Belieben Gemüsebrühe dazugeben, damit die Suppe schön flüssig wird.
- Karottencremesuppe in tiefe Teller füllen, mit Petersilie bestreuen und Croûtons darübergeben. Sofort servieren.

TIPP: Verfeinern Sie diese Cremesuppe mit 1 EL Sahne oder, wer's gerne rustikal mag, mit einem Schuss Aceto di Modena Tradizionale oder einigen Tropfen erstklassigen Olivenöls extra vergine.

Zuppa di carote con patate
Karotten-Kartoffel-Suppe

1 kg Karotten
4 mittelgroße mehligkochende Kartoffeln
1 Zwiebel
2 EL Olivenöl
2 l Gemüsebrühe
1 Prise Salz
4 Basilikumblätter

- Karotten waschen, schälen und in grobe Stücke schneiden. Kartoffeln schälen und in große Stücke schneiden. Zwiebel schälen und fein hacken.
- Zwiebel mit Olivenöl in einer Pfanne dünsten, bis sie glasig wird. Karotten und Kartoffeln dazugeben und einige Minuten unter Rühren braten. Mit Gemüsebrühe aufgießen und 1 Prise Salz hinzugeben. Das Gemüse bei niedrigster Hitze 2 Stunden köcheln lassen.
- Das zu einer Creme eingekochte Gemüse mit dem Stabmixer pürieren und in vorgewärmte Suppenteller füllen. Mit je einem Blatt Basilikum garnieren und sofort servieren.

TIPP: Die Suppe darf zum Schluss mit einigen Tropfen Olivenöl oder Balsamico gewürzt werden; einfach in die Mitte des Tisches stellen, so kann sich jeder selbst bedienen. Um die Suppe zu einer nahrhaften Hauptmahlzeit auszubauen, werden dazu geröstete Brotscheiben serviert.

Carote in agrodolce
Karotten mit Rosinen und Rotwein

750 g Karotten
50 g Rosinen
100 ml Rotwein
3 EL Olivenöl
2 EL Pinienkerne
2 EL Rotweinessig
Salz

- Karotten waschen und schälen, entweder zu einer Julienne (in feine Stifte) oder in Scheiben schneiden. Rosinen im Rotwein einweichen.
- In eine Pfanne Olivenöl erhitzen und die Karotten darin bei starker Hitze anbraten, salzen und sofort die Hitze reduzieren. Die Pfanne mit einem Deckel verschließen und die Karotten unter gelegentlichem Umrühren bei niedrigster Hitze gabelzart garen.
- Zum Ende des Garprozesses die Pinienkerne und die im Wein aufgequollenen Rosinen dazugeben und umrühren. Ganz am Schluss den Rotweinessig unterrühren und sofort servieren.
- Dieses Hauptgericht begleitet man am besten mit einem Glas Amarone della Valpolicella.

TIPP: Die Beigabe von Zucker – wie sonst bei süß-sauren Gerichten üblich – ist nicht nötig, da die Karotte selbst einen für Gemüse relativ hohen Zuckergehalt aufweist.

amore
UDINE
AGRAM
MAILAND
VERONA
TRIEST
FIUME
SAVE
TURIN
PO
VENEDIG
FERRARA
POLA
GENUA
BOLOGNA
mangiare
ARNO
PISA
FLORENZ
ANCONA
SPLIT
pasta
LIVORNO
vino
ROMA
ELBA
BASTIA
AJACCIO
OSTIA
la dolce vita
VESUV
BARI
BRIND
NEAPEL
SALERNO
ISCHIA
AMALFI
CAPRI
TARENT
CAGLIARI
STROMBOLI
mare
mare
LIPARI
REGGIO
MESSINA
PALERMO
ÄTNA
SOLE
CATANIA

BIO

il
peperone

Peperone
Paprika

Paprika zählt zu den leckersten Gemüsesorten der italienischen Küche und ist vielseitig einsetzbar. Das Nachtschattengewächs, das ursprünglich aus Mittel- und Südamerika stammt, findet vor allem im Süden Italiens nahrhafte Böden und wächst in die Länge, wird mal quadratisch, mal rund. Die gelben und roten Paprika sind schon schön reif, die grünen erst auf dem Weg dazu und bitterer im Geschmack.

In ganz Italien kennt man vor allem die Peperonata, geschmorte Paprika, die höchst unterschiedlich zubereitet und sowohl warm als auch kalt gegessen wird. Meine Version sieht keine Tomaten vor – dafür verstärke ich das Aroma gern mit Sultaninen. Einmal verriet mir ein Sizilianer im Vertrauen, dass einige Tropfen Honig sich ebenfalls gut darin machen würden. Perfekt sogar, wie ich feststellte, als ich das Gericht wieder einmal zubereitete und außerdem noch eine Schalotte mitbrutzelte. Zum Schluss garniere ich meine Peperonata bisweilen mit einigen schwarzen Oliven – was sie gleich noch leckerer aussehen lässt. Eine köstliche und ganz einfache Vorspeise sind auch Peperoni ai ferri, gegrillte Paprika, die einzig mit Basilikum und Olivenöl aromatisiert werden. Und auch als Hauptgericht mit einer Reisfüllung sind Paprika in Italien beliebt. Im Salat werden sie meist roh verwendet, müssen dann aber vorher gut gewaschen und von den weißen Häutchen im Fruchtinnern befreit werden.

Kaufen sollte man Paprika grundsätzlich nur im Bioladen oder im italienischen Feinkostgeschäft, denn gerade bei diesem Gemüse sind die in Holland auf Steinwolle in Gewächshäusern gezüchteten Exemplare weit weniger schmackhaft. Wer das Gemüse wegen seiner schwer verdaulichen Schale lieber meidet, dem sei hier ein Trick verraten: Die frischen, festen Schoten lassen sich wunderbar mit einem Sparschäler von der Haut befreien. Auch wenn sich Paprika nicht vollkommen schälen lässt – das bisschen Haut schadet nicht.

Peperoni ai ferri
Gegrillte Paprika

600 g rote und gelbe Paprikaschoten
2 EL gehacktes Basilikum
Olivenöl

- Paprikaschoten waschen und mit einem Sparschäler gut schälen. Das Gemüse von den weißlichen Innenwänden und den Samen befreien und in etwa 5 cm breite Streifen schneiden.
- Eine Grillpfanne bei mittlerer Hitze erwärmen, Olivenöl hineingeben und die Paprikastreifen auf beiden Seiten etwa 8 Minuten grillen. Auf einem Teller anrichten, mit dem gehackten Basilikum bestreuen und sofort servieren.
- Diese köstliche Vorspeise, die mit frischem Ciabatta serviert wird, schmeckt sowohl warm als auch kalt.

Crema di peperoni
Paprikacremesuppe

600 g rote Paprikaschoten
1 Zwiebel
3 EL Olivenöl
100 g Ricotta
200 ml Gemüsebrühe
1 EL frischer Thymian
Salz, schwarzer Pfeffer

- Paprikaschoten waschen, von den weißlichen Innenwänden und den Samen befreien und in feine Streifen schneiden. Zwiebel schälen und in dünne Scheiben schneiden.
- Paprika und Zwiebelringe mit Olivenöl in einer Pfanne zugedeckt 15 Minuten schmoren. Dann mit der Ricotta im Cutter pürieren, in eine tiefe Pfanne geben, Gemüsebrühe unterrühren und 15 Minuten bei mittlerer Hitze einkochen lassen.
- Zum Schluss die Thymianblätter untermengen, mit Salz und Pfeffer würzen und die Suppe sofort servieren.
- Dazu passt wunderbar hausgemachte Focaccia (s. Rezept Seite 23).

TIPP: Die Suppe mit einem Schuss Aceto Balsamico Tradizionale verfeinern und nach Wunsch mit Focaccia-Würfeln servieren, die vorher mit Knoblauch eingerieben und wenige Minuten in Olivenöl gebraten wurden.

Peperonata
Geschmorte Paprika

600 g rote und gelbe Paprikaschoten
100 g weiße Zwiebeln
2 EL Olivenöl
3 EL Sultaninen
1 EL frischer Thymian
Salz, schwarzer Pfeffer

- Paprikaschoten waschen, entkernen, von den weißlichen Innenwänden befreien und in 1/2 cm dünne Streifen schneiden. Zwiebeln schälen, in feine Ringe schneiden und mit dem Olivenöl in der Pfanne 10 Minuten bei niedriger Hitze dünsten.
- Paprika und Sultaninen dazugeben und zugedeckt weitere 15 Minuten bei niedriger Hitze schmoren; nach Bedarf warmes Wasser dazugeben, damit die Paprika nicht am Pfannenboden ansetzt.
- Zum Schluss mit Salz und Pfeffer würzen und die Thymianblätter untermischen.
- Traditionell wird zur Peperonata Polenta gereicht (s. Rezept Seite 19), aber frisches Ciabatta passt auch gut.

VARIATION: Dieses Gericht lässt sich auf vielerlei Art variieren oder verfeinern. Gut schmeckt es, wenn 200 g gewürfelte Tomaten beigemischt werden oder die Peperonata noch mit 1 bis 2 EL Weißweinessig gewürzt wird. Auch Kapern, Paniermehl oder Parmesan können untergemischt und der Thymian durch Basilikumblätter oder Petersilie ersetzt werden. Und wer die Peperonata leicht süßlich mag, mischt am Ende noch 1 EL Honig unter das Gemüse.

Peperoni ripieni col riso
Mit Reis gefüllte Paprika

4 mittelgroße, quadratische rote Paprikaschoten
100 g Carnaroli-Reis
50 ml Weißwein
3 EL Majoran
50 geriebener Parmesan
4 Eigelb
Olivenöl
Salz, schwarzer Pfeffer

- Den Deckel der Paprikaschoten abschneiden, waschen, entkernen, von den weißlichen Innenwänden befreien und im sprudelnden Salzwasser 5 Minuten kochen; dann auf Küchenkrepp vollständig trocknen lassen.
- Reis in reichlich Salzwasser bissfest kochen oder am Vortag zubereiteten Risotto mit ein wenig Weißwein erwärmen. Majoran, Parmesan und Eigelb untermischen, mit Salz und Pfeffer abschmecken und die Mischung in die Paprika füllen.
- Eine Backform mit Olivenöl ausstreichen, Paprikaschoten hineinsetzen und im vorgeheizten Backofen bei 180 °C etwa 30 Minuten backen.
- Dieses sättigende Gericht wird am besten mit einem kräftigen Rotwein serviert, zum Beispiel einem Primitivo aus Apulien.

VARIATION: Statt Reis kann auch Brot verwendet werden, das zunächst eingeweicht und dann gut ausgedrückt wird. In diesem Falle sollte die Parmesanmenge verdoppelt werden.

Peperoni padellati alla piemontese
in der Pfanne gebratene Paprika

4 große rote, gelbe und grüne Paprikaschoten
5 EL Olivenöl
3 EL gehacktes Basilikum
2 EL gehackte Petersilie
1 EL Kapern
2 Knoblauchzehen
1 EL Rotweinessig
Salz, schwarzer Pfeffer

- Paprikaschoten gut waschen und säubern, die weißlichen Innenwände und die Samen entfernen und in etwa 3 cm große Quadrate schneiden. In einer Pfanne mit Olivenöl in einigen Minuten bissfest garen.
- Basilikum, Petersilie, Kapern und die fein gehackten Knoblauchzehen dazugeben und alles gut vermengen. Zum Schluss den Rotweinessig untermischen und mit Salz und Pfeffer würzen. In der Regel garen die Paprika auf der Servierplatte noch ein wenig nach.
- Das Gericht am besten lauwarm mit frischem italienisches Landbrot und einem samtenen Rotwein aus dem Piemont, zum Beispiel einem Barbera d'Alba, servieren.

Frittata di peperoni rossi e gialli
Eierkuchen mit roten und gelben Paprika

je 1 große rote und gelbe Paprikaschote
6 Eier
4 EL Olivenöl
2 Lorbeerblätter
2 Knoblauchzehen
100 g Mangold
2 EL Paniermehl
4 EL geriebener Parmesan
Salz, schwarzer Pfeffer

- Paprikaschoten gut waschen und säubern, weißliche Innenwände und Samen entfernen und das Fruchtfleisch in etwa 2 cm große Quadrate schneiden. Paprika im Olivenöl mit Lorbeerblättern und einer ganzen geschälten Knoblauchzehe einige Minuten braten, bis sie schön bissfest sind. Dann auf Küchenkrepp geben, damit das überschüssige Olivenöl aufgesogen werden kann.
- Mangold putzen, waschen und 2 bis 3 Minuten in sprudelndem Salzwasser kochen; abgießen und auf Küchenpapier trocknen.
- Die zweite, fein gehackte Knoblauchzehe in einer großen Pfanne mit dem Mangold 3 Minuten dünsten. Vom Herd nehmen, Mangold auskühlen lassen und in kleine Streifen schneiden.
- Eier verquirlen, Paniermehl und Parmesan untermengen und gut verrühren. Zum Schluss den Mangold und die Paprikaquadrate vorsichtig unterheben und mit Salz und Pfeffer würzen.
- Die Masse in die Pfanne geben und wenige Minuten bei großer Hitze braten, dann bei mittlerer Hitze weitergaren, bis sich die Frittata auch auf der Oberfläche schön goldbraun gefärbt hat. Vorsichtig aus der Pfanne auf eine Platte gleiten lassen und warm oder kalt servieren.
- Dazu passt ein mit roten Zwiebeln und Basilikum gewürzter Tomatensalat.

TIPP: Sie können diesen Kuchen auch in einer Backform (26 cm Durchmesser) bei 180 °C etwa 30 Minuten im vorgeheizten Backofen backen.

Bici
Bici
Bici

SUGO
PICCANTE
PEPE gr. 0,3 e
MARCHISIO
ITALIA
PEPE
Conf. per Marchisio Giovanni srl - Str. San Vito, 1 Montà (CN)
nello stabilimento di Via Bartoluccio - Filottrano (AN)

IL
PO
MO
DO
RO

Pomodoro
Tomate

Sie heißen Parsifal, Arawak, Bubu, Camone, Marinda, Dunne, Lancelot, Ikram, Genio, Maria Vittoria, Piccadilly oder Snack. Wovon wir reden? Von Tomatensorten aus Italien. Sie sind so vielzählig, dass das Angebot im Supermarkt und auf Märkten immer nur eine kleine Auswahl präsentieren kann. Leider, denn in eine fein geschnittene grüne Tomate zu beißen ist ein ganz besonderes Salatvergnügen! Aber dazu komme ich nur, wenn ich am Dienstag oder Freitag frühzeitig bei Rossetti auf dem Markt am Helvetiaplatz in Zürich vorbeischaue. Wenn ich mich nicht von seinem Geflunkere bezirzen lasse, kann ich hier aus einer großen Vielfalt die köstlichsten Tomaten auswählen. Eines jedenfalls ist klar: Die besten Tomaten gibt es nach wie vor auf dem Wochenmarkt.

Die Tomate ist zweifellos das italienischste aller Gemüse. Im Süden des Landes wird sie tonnenweise und in allen Formen angebaut. Zu den gängigsten Sorten zählen San Marzano (Flaschentomaten), Cocktailtomaten (die kleinen, oft noch am Stiel baumelnden) und Cuore di bue (Ochsenherztomaten). Eine sehr schmackhafte Sorte ist Pomodoro di Pachino. Die sizilianische Tomate mit dem festen Fleisch und dem süßlichen Aroma wird sogar von dem italienischen Komiker und gebürtigen Sizilianer Pippo Baudo in einem Fernsehspot beworben und verfügt über eine geschützte Ursprungsbezeichnung.

Die unterschiedlichen Sorten werden in der italienischen Küche natürlich auch für verschiedene Zubereitungen verwendet: Aus San-Marzano-Tomaten, die wenig Wasser enthalten, werden leckere Sugos gekocht, aber diese Sorte eignet sich auch hervorragend zum Einmachen. Mit Ochsenherztomaten werden wunderbare Salate zubereitet, man kann sie aber zum Beispiel auch mit einer köstlichen Mozzarella-Basilikum-Füllung im Ofen backen; und Cherry- oder Cocktailtomaten werden gerne zum Schmoren verwendet. Die unter der süditalienischen Sonne getrockneten Tomaten lassen im Winter die Erinnerung an hochsommerliche Picknicks mit erntefrischen tomátl – so hießen die Früchte bei den Azteken – wach werden. Und mit ihrem sehr intensiven Aroma bereichern sie auch andere vegetarische Gerichte.

Wer sichergehen will, dass Tomaten auch nach Tomaten schmecken, kauft sie im Bioladen und greift auf keinen Fall zu den in langen Folientunneln auf Steinwolle gewachsenen Tomaten aus Holland. Ach, und wenn sie noch ein wenig grün und unreif aussehen, legt man sie einfach zusammen mit einem Apfel in eine Schale. Dann reifen sie schnell nach.

Pomodori Marco Fadiga
Tomaten Marco Fadiga

4 große Strauchtomaten
4 Scheiben Auberginen vom gleichen Durchmesser wie die Tomaten
50 g Zucchini
2 EL Butter
1 EL frischer Majoran
50 g Stracchino (oder ein anderer, sehr aromatischer Frischkäse)
1 EL gehackte glatte Petersilie
Olivenöl
Salz, schwarzer Pfeffer

- Strauchtomaten an der Unterseite kreuzweise einritzen, mit kochendem Wasser überbrühen, einige Minuten ziehen lassen, herausheben und auskühlen lassen.
- Auberginenscheiben in Olivenöl bei mittlerer Hitze beidseitig goldbraun braten. Zucchini in ganz kleine (3 mm große) Würfel schneiden oder mit der Gemüseraffel zerkleinern und 5 Minuten mit der Butter in einer Pfanne schmoren.
- Strauchtomaten sorgfältig häuten, einen schmalen Deckel mit dem Stielansatz abschneiden und durch die entstandene Öffnung mit einem Löffel vorsichtig die Kerne herauskratzen.
- Zucchini mit Majoran und Frischkäse vermengen, mit Salz und Pfeffer abschmecken und in die Tomaten füllen.
- Auberginenscheiben in der Mitte von vier Suppentellern anrichten und die gefüllten Tomaten mit der Öffnung nach unten vorsichtig auf die Auberginen setzen. Mit Olivenöl beträufeln, Petersilie darüberstreuen und sofort servieren.
- Im Sommer eine wunderbar erfrischende Vorspeise und eine wahre Augenfreude. Und da das Gericht aus Marco Fadigas Bistrot in Bologna stammt, darf es ein bisschen komplizierter sein.

Pomodori Carlo
Tomaten Carlo

4 Flaschentomaten San Marzano
50 g Staudensellerie
20 schwarze Oliven
1 Knoblauchzehe
3 EL gehacktes Basilikum
2 EL gehackte glatte Petersilie
Olivenöl
Salz, schwarzer Pfeffer

- Flaschentomaten der Länge nach halbieren und mit einem Löffel sorgfältig die Kerne auskratzen. Die Tomaten erst in einem Sieb abtropfen lassen und dann in eine Schüssel geben.
- Staudensellerie in hauchdünne Scheiben schneiden, Oliven mit dem Wiegemesser in kleine Stücke schneiden, die geschälte Knoblauchzehe durch die Presse drücken. Die vorbereiteten Zutaten und Basilikum vorsichtig vermengen und mit Salz und Pfeffer würzen.
- Die Mischung in die Tomatenhälften füllen. Mit Petersilie bestreuen, einige Tropfen Olivenöl darübergeben und sofort als Vorspeise servieren.

Pomodori ripieni di mozzarella
Mit Mozzarella gefüllte, gebackene Tomaten

4 Ochsenherztomaten
200 g Büffelmozzarella
1 Knoblauchzehe
3 EL gehacktes Basilikum
2 EL gehackte glatte Petersilie
2 EL Olivenöl
Salz, schwarzer Pfeffer

- Tomaten halbieren und die Kerne sorgfältig auskratzen. Die Tomatenhälften kopfüber auf Küchenkrepp legen und abtropfen lassen.
- Mozzarella in kleine Würfel schneiden, den geschälten Knoblauch durch die Presse drücken, mit Basilikum und Petersilie in eine Schüssel geben und mit Salz und Pfeffer würzen.
- Die Mischung in die Tomatenhälften füllen, diese in eine ofenfeste, mit Olivenöl ausgestrichene Form setzen und im vorgeheizten Backofen bei 180 °C etwa 40 Minuten backen. Sofort servieren.
- Zu dieser Vorspeise passt idealerweise ofenfrisches Baguette.

insalata di pomodori con marmellata di cipolle e pecorino
Tomatensalat mit Zwiebelmarmelade und Schafskäse

4 mittelgroße Ochsenherztomaten
100 g rote Zwiebeln
50 g Pecorino
2 EL Olivenöl
1 TL schwarze Pfefferkörner
2 EL Weißweinessig
50 g Zucker
2 EL Marsala
1 TL frischer Thymian
Olivenöl
Salz, schwarzer Pfeffer

- Ochsenherztomaten in dünne Scheiben schneiden und zum Antrocknen auf Küchenkrepp auslegen.
- Zwiebeln schälen, in dünne Scheiben schneiden und in einer Pfanne mit Olivenöl und Pfefferkörnern bei mittlerer Hitze unter stetigem Rühren etwa 10 Minuten dünsten. Weißweinessig und Zucker zufügen und die Flüssigkeit einkochen lassen. Dann Marsala und Thymian beigeben und unter gelegentlichem Rühren bei niedrigster Hitze einkochen lassen. Auskühlen lassen.
- Tomaten auf 4 Tellern fächerförmig anrichten. Olivenöl, Salz und Pfeffer in einem Schälchen mit der Gabel zu einer feinen Emulsion verrühren und über die Tomaten geben.
- Je 1 EL Zwiebelmarmelade daraufsetzen und mit fein gehobeltem Pecorino garnieren.
- Diesen Salat begleitet man am besten mit einem kräftigen Rotwein, etwa einem sardischen Carignano del Sulcis DOC Riserva.

TIPP: Sehr dekorativ und lecker ist es, wenn man über dem Salat noch frische, von Hand zerpflückte Basilikumblätter verteilt. Die Zwiebelmarmelade eignet sich auch hervorragend zum Aromatisieren anderer Gerichte oder als Beigabe zu einer reichhaltigen Käseplatte. Nach Belieben also die doppelte oder vierfache Menge zubereiten, die Marmelade hält sich im Kühlschrank bei maximal 5 °C etwa 1 Woche.

Sugo di pomodoro
Tomatensugo

500 g Flaschentomaten
50 g Zwiebeln
1 Knoblauchzehe
4 EL Olivenöl
2 EL gehacktes Basilikum
Salz, schwarzer Pfeffer

- Tomaten klein würfeln, Zwiebeln in dünne Scheiben schneiden und die geschälte Knoblauchzehe durch eine Presse drücken.
- Zwiebeln mit dem Olivenöl in einer Pfanne bei mittlerer Hitze etwa 5 Minuten dünsten. Tomaten und Knoblauch dazugeben und unter gelegentlichem Rühren etwa 30 Minuten bei niedriger Hitze köcheln lassen.
- Zum Schluss das Basilikum untermengen, salzen und pfeffern. Zu einer beliebigen Pasta servieren (s. Rezept Seite 18).

TIPP: Wer's pikant mag, kocht einen halben, in kleine Ringe geschnittenen Peperoncino mit. Natürlich ist es nicht verboten, die Tomaten vorher zu häuten, doch ist das eher eine Glaubensfrage denn eine praktische Anordnung; bei so kleinen Würfeln verlieren sich die Tomatenhäutchen im Sugo.

Pomodori fritti
Gebackene Tomaten

4 Ochsenherztomaten
4 Eier
Mehl
Paniermehl
5 EL Olivenöl
Salz, schwarzer Pfeffer

- Ochsenherztomaten in 1 cm dicke Scheiben schneiden. Eier verquirlen und mit Salz und Pfeffer leicht würzen.
- Tomatenscheiben erst in Mehl, dann in den verschlagenen Eiern und zum Schluss im Paniermehl wenden. In Olivenöl bei mittlerer Hitze goldbraun backen und sofort servieren.
- Dazu passt hervorragend ein knackiger Sommersalat oder 1 EL Konfit von roten Zwiebeln (s. Rezept Seite 151).

Torta di pomodori
Tomatenkuchen

300 g Ochsenherztomaten
2 EL Paniermehl
2 EL geriebener Parmesan
1 Portion Mürbeteig (s. Rezept Seite 23)
125 g Büffelmozzarella
150 g Provolone dolce
2 Eier
3 EL gehacktes Basilikum
1 EL frischer Oregano
3 EL gehackte schwarze Oliven
Salz, schwarzer Pfeffer

- Tomaten in dünne Scheiben schneiden, salzen und auf Küchenkrepp abtropfen lassen. Paniermehl und Parmesan mischen. Eine runde Backform (26 cm Durchmesser) mit Mürbeteig auskleiden und Parmesan-Paniermehl-Mischung darüberstreuen.
- Mozzarella und Provolone mit Eiern, Basilikum und Oregano in einem Cutter zu einer homogenen Masse zerkleinern.
- Tomatenscheiben auf der Paniermehl-Parmesan-Mischung gleichmäßig verteilen, die Käsemasse darübergeben und zum Schluss die gehackten Oliven über den Kuchen streuen. Im vorgeheizten Backofen bei 190 °C etwa 40 Minuten backen.
- Zum Tomatenkuchen passen ein einfacher Blattsalat und ein sizilianischer Merlot von Planeta.

l'inverno è passato
l'aprile non c'è più
è ritornato il maggio
al canto del cucù
cucù cucù l'aprile non
c'è più è ritornato il
maggio al canto del

cucù

FRATELLI CAMPAGNARO SNC
BELVEDERE DI TEZZE - VICENZA
Tel. 0424 - 561360 - 561400
Fax " " "
nuova rotoflex srl
S.Mauro Pascoli (Fo)
Tel. 0541/932522
CUORE di BUE

la
CiPOLLA

Cipolla
Zwiebel

Von meinem Urgroßvater, einem Selbstversorger, der über neunzig Jahre alt wurde, wird kolportiert, sein Frühstück habe aus einer rohen Zwiebel und einem ordentlichen Glas Grappa bestanden. Auch wenn die Vorstellung, das Tagwerk mit einer solchen »Fahne« zu beginnen, etwas schwer fällt, so hielt ich ihn doch immer für einen ziemlich sympathischen Kerl, zumal er nur dem vertraute, was in seinem eigenen Garten (und Rebgarten) wuchs. Natürlich wurde hier auch aus der Not eine Tugend gemacht, denn im 19. Jahrhundert darbten die meisten Italiener und konnten sich kaum ein Stück Fleisch leisten – auch nicht am Sonntag.

Die robuste Zwiebel, die nahezu überall wächst, ist aufgrund dieser Eigenschaften ein typisches Arme-Leute-Gemüse. Vielleicht hat sie gerade deswegen in der italienischen Landküche eine Spitzenkarriere hingelegt, denn sie ist vielseitig einsetzbar und bildet in ihrer Sortenvielfalt eine bunte Farbpalette: von den in Italien sehr verbreiteten weißen Zwiebeln über die herkömmlichen gelben und die grünen Frühlingszwiebeln bis hin zu den aromatischen roten aus dem kalabrischen Tropea, die eine eher flaschenförmige Form haben und mittlerweile eine geschützte Ursprungsbezeichnung besitzen.

Verwendet werden Zwiebeln für Risotti aller Art – ohne sie schmeckt das Reisgericht nicht. Fester Bestandteil sind sie außerdem in wie auch immer gestalteten Sugos. Kurz: Die Zwiebel ist mit ihrer Eigenschaft, Aromen auf natürliche Art zu verstärken, ein Universalgemüse – zumindest in Italien. So wird etwa die runde weiße Sorte in Ligurien als geschmacksgebende Zutat für Fugassa, ein herzhaftes Zwiebelbrot, verwendet, während mit den süßlich-milden roten Zwiebeln aus Tropea ein köstliches Konfit hergestellt wird, das wunderbar mit pikantem Käse harmoniert. Und auch als Hauptgericht ist die Zwiebel einsetzbar, denn zusammen mit einem frischen Salat, ofenfrischem Baguette und möglicherweise noch einem schönen reifen Stück italienischem Schafskäse wird jeder Gast satt – der Schafskäse übrigens gehört zur Zwiebel untrennbar dazu; die beiden Aromen verbinden sich aufs Trefflichste.

Fugassa
Zwiebelfocaccia

300 g weiße Zwiebeln
20 g frische Hefe
1 TL Zucker
300 ml lauwarmes Wasser
500 g Mehl (Type 450)
Olivenöl
Salz, schwarzer Pfeffer

- Hefe und Zucker mit einem Löffel verrühren, bis die Hefe flüssig geworden ist. Zucker-Hefe-Mischung und Wasser zum Mehl geben und zu einem glatten Teig verkneten. Eine runde Backform (Durchmesser 26 cm) mit Olivenöl ausstreichen, den Teig darin verteilen und an einem warmen Ort mindestens 30 Minuten gehen lassen.
- Inzwischen die Zwiebeln schälen und in hauchdünne Scheiben schneiden. Mit den Fingern kleine Dellen in den Teig drücken und die Zwiebeln gleichmäßig auf dem Teig verteilen. Mit Salz und Pfeffer würzen und mit reichlich Olivenöl beträufeln.
- Im vorgeheizten Backofen bei 180 °C etwa 30 Minuten backen; dabei aufpassen, dass die Zwiebeln nicht verbrennen.

TIPP: Dieses ligurische Brot passt wunderbar zu den anderen Zwiebelrezepten, begleitet aber ebenso gut Salate und andere Gemüsegerichte.

Confettura di cipolla di Tropea
Konfierte rote Zwiebeln aus Tropea

600 g rote Zwiebeln
4 EL Olivenöl
100 g Zucker
100 ml Rotweinessig
1 Zimtstange
1 EL Lorbeerblätter
Salz, schwarzer Pfeffer

- Zwiebeln schälen und in hauchdünne Scheiben schneiden. Olivenöl in einer Pfanne erhitzen, die Zwiebeln dazugeben und wenige Minuten dünsten. Zucker und Rotweinessig sowie die Zimtstange und die Lorbeerblätter dazugeben und gut umrühren. Zugedeckt bei niedrigster Hitze etwa 1 Stunde garen; nach Bedarf lauwarmes Wasser dazugeben, damit die Zwiebeln nicht anbrennen.
- Zum Schluss die Zimtstange und die Lorbeerblätter entfernen, das Confit auskühlen lassen und mit Salz und Pfeffer abschmecken.
- Das Zwiebelconfit eignet sich hervorragend, um eine italienische Käseplatte zu bereichern. Es schmeckt aber auch vorzüglich zu einem frischen Tomatensalat, der mit einigen Würfeln Schafskäse aromatisiert werden kann.

Medaglioni di cipolle panate
Panierte Zwiebelmedaillons

8 mittelgroße Zwiebeln
2 Eier
50 g Paniermehl
1 EL frischer Thymian
50 g geriebener Pecorino
200 ml Olivenöl
Mehl
Salz

- Zwiebeln schälen und in etwa 5 mm dicke Scheiben schneiden. Eier aufschlagen und mit der Gabel und 1 Prise Salz schaumig schlagen. Paniermehl mit Thymian und Pecorino gut vermischen.
- Zwiebelscheiben erst in Mehl, dann im Ei und schließlich im gewürzten Paniermehl wenden und in reichlich Olivenöl goldbraun ausbacken. Sofort servieren.
- Zwiebelmedaillons als Entrée auf Rucolablättern servieren – sieht formidabel aus! Dabei aufpassen, dass die Panade nicht mit Öl oder Essig in Berührung kommt, sonst weicht sie sofort auf.

Cipollotti glassate al marsala
in Marsala geschmorte Frühlingszwiebeln

800 g Frühlingszwiebeln
100 ml Marsala
5 Lorbeerblätter
100 g Zucker
40 g Butter
Salz, schwarzer Pfeffer

- Frühlingszwiebeln putzen, waschen und in kochendem Salzwasser mit den Lorbeerblättern in etwa 15 Minuten bissfest garen.
- Inzwischen den Zucker und die Butter in einer Pfanne bei niedriger Hitze karamellisieren, den Marsala dazugießen und mit einem Holzlöffel gut verrühren.
- Die gegarten Frühlingszwiebeln in die Pfanne geben und gelegentlich wenden, bis sie glasieren und die Flüssigkeit nahezu verdunstet ist.
- Diese Vorspeise eignet sich hervorragend als Einstimmung auf ein mehrgängiges vegetarisches Menü und wird am besten mit ofenfrischem Weißbrot serviert.

Crema di cipollotti e caprino
Frühlingszwiebelcremesuppe mit frischem Ziegenkäse

700 g Frühlingszwiebeln
100 g frischer Ziegenkäse
(oder Ricotta vom Schaf)
Salz, schwarzer Pfeffer
Olivenöl

- Frühlingszwiebeln putzen, waschen und in reichlich Salzwasser 30 Minuten kochen. Dann abgießen, im Mixer fein pürieren und mit Salz und Pfeffer würzen. Wer die Suppe lieber etwas flüssiger mag, kann nach Belieben Gemüsebrühe zufügen.
- Den Ziegenkäse in Suppenteller verteilen und mit der Zwiebelcremesuppe bedecken. Mit Olivenöl beträufeln und mit ofenfrischem Weißbrot servieren.

Cipolle ripiene di formaggio
Mit Käse gefüllte Zwiebeln

4 große Zwiebeln
100 g Emmentaler
1 EL geriebener Parmesan
2 EL gehackte glatte Petersilie
1 EL Paniermehl
2 EL Olivenöl
Salz, schwarzer Pfeffer

- Die ungeschälten Zwiebeln 15 Minuten lang im vorgeheizten Backofen bei 160 °C schmoren. Die Zwiebeln auskühlen lassen und danach bis auf die zwei äußeren Häute aushöhlen.
- Das Innere der Zwiebeln fein hacken und mit dem klein gewürfelten Emmentaler, Parmesan, Petersilie, Paniermehl und Olivenöl zu einer homogenen Masse vermengen und mit Salz und Pfeffer würzen.
- Zwiebeln mit der Mischung füllen und im vorgeheizten Backofen bei 170 °C nochmals 10 Minuten schmoren. Sofort servieren.
- Dazu passt ein kräftiger Weißwein, zum Beispiel ein Gewürztraminer von Florian Brigl vom Weingut Kornell in Südtirol.

TIPP: Zwiebeln sind insofern dankbar, als sie sich mit anderem Gemüse (Resten vom Vortag etwa) füllen lassen. In diesem Fall genügt es, den Emmentaler durch Parmesan oder Schafskäse zu ersetzen und ein Ei unter die Gemüsemasse zu mischen. Bei der individuellen Gestaltung der Füllung sind der Phantasie keine Grenzen gesetzt, zumal die Basis die gleiche bleibt: Ei, Parmesan, Petersilie, Gemüse – und fertig ist die Füllung.

Peso netto Kg. 1
Umidità 12,50%
AMARE
la buona tavola

ALIMENTARI

il RAdicchio

Radicchio
Radicchio

Sagen wir's mal ehrlich, der Radicchio ist schon seines Namens wegen ein Wurzelgemüse (italienisch »radice« bedeutet Wurzel) mit langstieligen, dunkelroten Blättern, und bevor wir ihn in die Küche tragen, müssen wir wissen, wovon wir reden, wenn wir Radicchio meinen. Zum einen gibt es da den Radicchio di Treviso – den teuersten von allen – aus der gleichnamigen Stadt in der Region Veneto mit den länglichen Stielen und der starken Wurzel, die man mitessen kann. Diese geschützte Sorte gedeiht dort unter Planen und wird ab November geerntet – und in Kuhställe verfrachtet. Es war ein Belgier, der im 19. Jahrhundert feststellte, dass dieses Gemüse am besten in einem dunklen, feucht-warmen Klima nachreift, allerdings im konstanten Wasserbad, und so ganz nebenbei die Würze des Stalls aufnimmt.

Unter demselben Namen wird ein ebenso länglicher Radicchio gehandelt, der allerdings einen kompakten Kopf und eng anliegende Blätter besitzt. Er ist fast genauso gut wie das Original. Zum anderen wird auf den Märkten der Radicchio di Chioggia angeboten. Der kompakte, runde Salatkopf aus dem Po-Delta ist die Sorte, die sich nördlich der Alpen der größten Bekanntheit erfreut. Und schließlich, um die kleine Warenkunde abzurunden, zählt noch der Radicchio di Castelfranco zu dieser Familie, ein Salat mit losen Blättern und ganz unterschiedlich farbiger Maserung, von hellgelb bis zu hellem Dunkelrot.

In Italien schätzt man das Gemüse mit dem leicht bitteren Geschmack. Es kommt gegrillt, überbacken oder gedünstet auf den Tisch, schmeckt aber auch ausgezeichnet als Zutat eines Risottos oder als Füllung für Ravioli mit einer Gorgonzolasauce. Der Radicchio lässt vieles mit sich anstellen – so viel, dass Armando Zanotto, der leidenschaftliche Koch des Restaurants »Tre Panoce« (Drei Maiskolben) in Congeliano (Provinz Treviso), ein Buch mit sage und schreibe 617 Radicchio-Rezepten herausgebracht hat – inklusive Speiseeis. Das freundschaftlich signierte Exemplar steht in meiner Bibliothek unter den Kochbuchpreziosen und wird im November, wenn die Blätter von den Bäumen fallen und der junge Wein in den Fässern grummelnd gärt, immer wieder hervorgeholt. Fürs Eis ziehe ich aber weiterhin Früchte vor.

Radicchio di Treviso con cipolle e pinoli al marsala
Treviso-Radicchio mit Zwiebeln und Pinienkernen in Marsala

600 g Radicchio
100 g Zwiebeln
20 g Pinienkerne
100 ml Marsala
50 g Butter
Salz, schwarzer Pfeffer

- Radicchio waschen, den Stiel schälen und gut trockentupfen. Zwiebeln schälen, in dünne Scheiben schneiden und mit der Butter in einer Pfanne andünsten. Pinienkerne dazugeben und 3 Minuten mitbraten.
- Radicchio der Länge nach vierteln, mit in die Pfanne geben und weitere 3 Minuten mitdünsten, dann den Marsala dazugeben. Zugedeckt etwa 5 Minuten dünsten, gelegentlich mit einem Holzlöffel wenden. Mit Salz und Pfeffer würzen.
- Die gebratenen Radicchioviertel passen hervorragend zu einer Polenta (s. Rezept Seite 19) oder als Beilage zu einem Zucchinikuchen (s. Rezept Seite 68).

Risotto con radicchio
Risotto mit Radicchio

300 g Radicchio
320 g Carnaroli-Reis
1 Zwiebel
100 g Butter
100 ml Weißwein
1 l Gemüsebrühe
3 EL gehackte glatte Petersilie
50 g geriebener Parmesan
Salz, schwarzer Pfeffer

- Radicchio gründlich waschen und in etwa 1 cm große Stücke schneiden. Zwiebel schälen, in feine Scheiben schneiden und mit der Hälfte der Butter in der Pfanne glasig dünsten. Radicchio dazugeben und weitere 5 Minuten bei niedriger Hitze dünsten.
- Reis in die Pfanne geben und weitere 2 Minuten kräftig umrühren. Mit Weißwein ablöschen und diesen verkochen lassen. Dann nach und nach die heiße Gemüsebrühe unterrühren und den Risotto bissfest garen.
- Zum Schluss die Petersilie, die restliche Butter und den Parmesan unterrühren, mit Salz und Pfeffer würzen und sofort servieren.
- Dazu passt ausgezeichnet ein schöner Rotwein, etwa ein Staves Langrein Riserva der Tenuta Kornell von Florian Brigl.

Radicchio al forno
im Ofen gebackener Radicchio

600 g Radicchio
1 Zwiebel
40 g Butter
100 g Fontina-Käse (oder ein anderer italienischer Weichkäse, z. B. Scamorza, Provolone)
2 EL frischer Majoran
Olivenöl
Salz, schwarzer Pfeffer

- Radicchio waschen, trocknen und vierteln. Zwiebel schälen, in dünne Scheiben schneiden und mit Butter in der Pfanne glasig dünsten. Radicchioviertel dazugeben und 10 Minuten zugedeckt dünsten.
- Eine ofenfeste Form mit etwas Olivenöl ausstreichen, Radicchio darin verteilen, zwischendurch immer wieder Fontina-Käse in Flöckchen darübergeben und mit Majoran bestreuen. Mit Salz und Pfeffer würzen.
- Radicchio im vorgeheizten Backofen bei 180 °C etwa 30 Minuten überbacken und sofort servieren.
- Frisches Baguette oder Focaccia (s. Rezept Seite 23) begleiten dieses Gericht ausgezeichnet.

Ravioli di radicchio al sugo di gorgonzola
Radicchioravioli mit Gorgonzolasauce

600 g Radicchio
200 g Pastateig
(s. Rezept Seite 18)
100 g Gorgonzola
1 Zwiebel
2 EL Olivenöl
100 g geriebener Parmesan
2 EL gehackte glatte Petersilie
2 Eigelb
50 g Paniermehl
100 g Sahne
Salz, schwarzer Pfeffer

- Radicchio waschen, trockentupfen und in dünne Streifen schneiden. Zwiebel schälen, in dünne Scheiben schneiden und in einer Pfanne mit Olivenöl bei niedriger Hitze dünsten. Radicchio dazugeben, 10 Minuten zugedeckt dünsten und mit Salz und Pfeffer würzen; auskühlen lassen.
- Radicchio mit Parmesan, Petersilie, Eigelb und Paniermehl zu einer homogenen Masse vermengen. Bei Bedarf noch etwas Paniermehl dazugeben.
- Den Pastateig hauchdünn ausrollen und in 40 Quadrate von 10 x 10 cm Größe schneiden. Die Füllung in die Mitte der Quadrate geben und die Ränder mit einem Pinsel leicht anfeuchten. Die Quadrate diagonal zuklappen und die Ränder gut andrücken.
- Gorgonzola mit der Sahne in einer Pfanne bei milder Hitze schmelzen.
- Ravioli in knapp sprudelndem Salzwasser 3 Minuten ziehen lassen, bis sie an der Oberfläche schwimmen. Mit einer Schöpfkelle vorsichtig herausheben und in vier tiefe Teller füllen. Die Gorgonzolasauce darübergeben und sofort servieren.
- Dazu passt ausgezeichnet ein Amarone della Valpollicella classica.

Gnocchi al radicchio rosso
Radicchiognocchi

200 g Radicchio
2 EL Olivenöl
600 g mehligkochende Kartoffeln
150 g Mehl
1 Ei
50 g Butter
50 g geriebener Parmesan
Salz, schwarzer Pfeffer

- Radicchio waschen, trockentupfen und in feine Streifen schneiden. In einer Pfanne mit dem Olivenöl bei niedriger Hitze etwa 10 Minuten dünsten.
- Kartoffeln schälen, in Würfel schneiden und im sprudelnden Salzwasser kochen. Abgießen, auskühlen lassen und durch eine Kartoffelpresse drücken. Mit Mehl, Ei und dem gedünsteten Radicchio zu einer homogenen Masse vermengen.
- Die Masse zu fingerdicken Rollen formen und diese mit dem Messer in etwa 1,5 cm lange Stücke zerteilen.
- Gnocchi in sprudelndem Salzwasser so lange garen, bis sie an der Oberfläche schwimmen. Mit der Schöpfkelle herausheben und in einer Pfanne mit Butter wenden. Sofort in Suppenteller füllen, mit Parmesan bestreuen, mit Salz und Pfeffer würzen und servieren.

TIPP: Zu diesen Gnocchi passen – der Saison angemessen – gebratene Pilze wie Pfifferlinge oder Steinpilze, die mit den Gnocchi in der Pfanne sautiert werden.

Frittata al radicchio di Castelfranco e verze
Eierkuchen mit Radicchio aus Castelfranco und Wirsing

200 g Radicchio di Castelfranco
200 g Wirsing
6 Eier
1 Zwiebel
6 EL Olivenöl
1 TL Weißweinessig
30 g Butter
100 g geriebener Pecorino
Mehl
Salz, schwarzer Pfeffer

- Radicchio und Wirsing waschen, trockentupfen und in feine Streifen schneiden. Zwiebel schälen und in feine Scheiben schneiden.
- Radicchio, Wirsing und Zwiebeln in einer Pfanne mit Olivenöl bei niedriger Hitze andünsten, den Weißweinessig dazugeben und 15 Minuten zugedeckt schmoren.
- Eine Backform von 26 cm Durchmesser ausbuttern und mit Mehl bestäuben.
- In einer Schüssel die Eier mit dem Pecorino verrühren. Das geschmorte Gemüse untermengen, mit Salz und Pfeffer würzen und die Masse in die Backform geben. Im vorgeheizten Backofen bei 180 °C etwa 40 Minuten goldbraun backen und sofort servieren.

VERDURA VIOLA

LA
MELANZANA

Melanzana
Aubergine

Was hat man diesem Gemüse nicht alles angetan! Als »mela insana« (ungesunder Apfel) war das Nachtschattengewächs bis ins späte 19. Jahrhundert verrufen, man schrieb ihm gar die Eigenschaft zu, dass es Menschen in den Irrsinn treibe. Roh ist die Aubergine in der Tat unbekömmlich, in geschmorter, gebackener oder gebratener Form dafür umso köstlicher. Und sie lässt fast alles mit sich machen: Sie liebt Olivenöl über alles, verbindet sich ebenso gut mit Knoblauch und mit Tomaten sowieso.
Die Eierfrucht, wie sie in Deutschland auch heißt, haben vor allem die Sizilianer zu ihrem beliebtesten Gemüse erkoren, und von der Insel kommen auch die leckersten Rezepte, etwa die Caponata di melanzane, ein schmackhaftes Ragout, das lauwarm oder kalt verzehrt wird, oder die traditionsreichen Maccheroni alla Norma, in deren Geschichte die Klänge der gleichnamigen Bellini-Oper mitschwingen. Mit der Binnenwanderung nach Norden in den 1960er- und 70er-Jahren kam die Aubergine über Palermo nach Turin und Mailand und von dort nach Rüsselsheim, Köln und Berlin-Kreuzberg. Bei meiner »kulinarischen Sozialisierung« in meiner norditalienischen Familie spielte sie nie eine Rolle. Meine Liebe zu diesem Gemüse entwickelte sich später beim Kochen und hat sich zu einer nachhaltigen Beziehung ausgewachsen.
Zwei Auberginensorten dominieren die italienischen Märkte: die längliche mit der dunkelvioletten Haut und die hellviolette »rotonda« oder »tonda« mit ihrem hellen Fruchtfleisch und der kugelrunden Form. Sie wird in ganz Italien angepflanzt, vor allem aber in Sizilien. Ich bevorzuge diese Form in der Küche, weil sie weniger Samen enthält und ein schön weißes, festes Fruchtfleisch besitzt. Ganz besonders köstlich ist die Rossa di Rotonda, die allerdings nur in der Gemeinde Rotonda in der süditalienischen Region Basilikata angebaut wird und in nördlicheren Gefilden schwer erhältlich ist. Sie gleicht äußerlich einer Tomate und besitzt eine rötlich-orange Haut. Ihr Fruchtfleisch ist pikanter als das ihrer Schwestern.
Da Auberginen früher reichlich Bitterstoffe enthielten, war es notwendig, ihnen diese vor der Zubereitung mit Meersalz zu entziehen. Dazu wurden die in Scheiben geschnittenen Auberginen erst mit Meersalz bestreut, dann eine Stunde gelagert, damit der Fruchtsaft und so auch die Bitterstoffe austreten konnten, und danach unter fließend kaltem Wasser abgespült. Bei den heutigen Sorten ist das eigentlich nicht mehr nötig, dennoch wird dieses Verfahren nach wie vor in vielen Rezepten beschrieben.

Melanzane caramellate
Karamellisierte Auberginen

500 g Auberginen
2 l Wasser
100 ml Weißweinessig
30 g Zucker
Olivenöl

- In einem Topf das Wasser aufkochen und den Weißweinessig dazugeben. Auberginen waschen, in 1 cm dicke Scheiben schneiden und im sprudelnden Wasser 3 bis 4 Minuten kochen. Abgießen und auf Küchenpapier auskühlen und trocknen lassen.
- Den Boden einer Bratpfanne mit Zucker bedecken und diesen bei niedriger Hitze schmelzen lassen. Auberginenscheiben vorsichtig auf den Zucker legen und reichlich Olivenöl darübergeben. Bei niedriger Hitze beidseitig etwa 15 Minuten goldbraun braten.
- Diese Vorspeise serviert man am besten mit einem Radicchiosalat, um die Süße der Aubergine mit dem leichten Bitterton des Radicchio auszugleichen.

Piccata di melanzane
Auberginenpiccata

750 g Auberginen
4 Eigelb
100 g geriebener Parmesan
2 EL gehackte glatte Petersilie
schwarzer Pfeffer
Mehl
Butter

- Auberginen in Scheiben schneiden und 5 Minuten in kochendem Wasser blanchieren. Abgießen und etwas auskühlen lassen.
- In der Zwischenzeit Eigelb mit Parmesan und Petersilie verquirlen und mit Pfeffer würzen. Auberginenscheiben erst in Mehl und dann in der Parmesan-Ei-Mischung wenden.
- In einer Bratpfanne reichlich Butter aufschäumen lassen und die Auberginenscheiben darin sorgfältig auf beiden Seiten bei ganz niedriger Hitze goldbraun braten. Sofort servieren.
- Die Piccata schmeckt vorzüglich mit einer leichten Tomatensauce – und wer reichlich Auberginenscheiben brät, erhält eine vollwertige Mahlzeit.

involtini di melanzane
Auberginenrouladen

750 g Auberginen
200 g Taleggio
1 EL Paniermehl
2 EL gehackte glatte Petersilie
schwarzer Pfeffer
Olivenöl

- Auberginen der Länge nach in 1/2 cm dicke Scheiben schneiden und sofort im sprudelnden Olivenöl beidseitig goldbraun braten. Die Scheiben auf Küchenpapier legen und das überschüssige Öl abtropfen lassen.
- Taleggio in dünne Scheiben schneiden, auf die Auberginenscheiben legen und zu einer Roulade formen. Die Rouladen nebeneinander in eine feuerfeste Form legen, mit dem Paniermehl bestreuen und im vorgeheizten Backofen bei 200 °C etwa 20 Minuten gratinieren. Mit Petersilie bestreuen und sofort servieren.
- Dazu passt ofenfrisches Weißbrot.

TIPP: Der schmelzende Käse verbindet sich mit dem Olivenöl in der Aubergine zu einer sämigen Creme; wer's pikanter mag, kann anstelle von Taleggio zu Gorgonzola piccante greifen oder die Rouladen zusätzlich mit geriebenem Schafskäse bestreuen, bevor sie in den Ofen kommen. Gut schmeckt es auch, wenn man die Käsescheiben noch mit 50 g gehackten grünen Oliven belegt.

Melanzane con cipolla e pinoli
Auberginen mit Zwiebeln und Pinienkernen

750 g Auberginen
200 g rote Zwiebeln
40 g Pinienkerne
2 EL Zucker
50 ml Wasser
2 EL gehackte glatte Petersilie
Olivenöl
Salz, schwarzer Pfeffer

- Zwiebeln schälen, in feine Streifen schneiden und mit Olivenöl und dem Zucker in einer Pfanne bei niedriger Hitze 10 Minuten karamellisieren, dabei nach und nach Wasser dazugeben und umrühren.
- Auberginen waschen, in 1 cm dicke Würfel schneiden und zu den Zwiebeln geben. Zugedeckt etwa 30 Minuten bei niedriger Hitze köcheln lassen, dann mit Salz und Pfeffer würzen.
- Zum Schluss Pinienkerne und Petersilie dazugeben, umrühren und servieren. Dazu passt am besten ofenfrisches Baguette.

Caponata di melanzane
Auberginenragout

500 g Auberginen
1 Karotte
50 g Staudensellerie
1 Zwiebel
1 TL Kapern
2 EL Weißweinessig
1 EL Zucker
1 EL Tomatenmark
Olivenöl extra vergine
Meersalz

- Auberginen in 1 cm dicke Würfel schneiden und in reichlich Olivenöl goldbraun braten. Beiseite stellen und mit feinem Meersalz würzen.
- Karotte schälen und in Scheiben schneiden, Staudensellerie in dünne Scheiben schneiden, Zwiebel schälen und in feine Streifen schneiden. Karotte, Staudensellerie und Zwiebel in Olivenöl dünsten, Kapern zufügen und 25 Minuten bei niedriger Hitze garen.
- Weißweinessig zugeben und verdampfen lassen. Zucker, Tomatenmark und Auberginen beigeben und 5 Minuten bei niedriger Hitze weiterköcheln.
- Die Pfanne vom Herd nehmen und die Caponata mindestens 2 Stunden ruhen lassen. Das Gericht wird vor allem lauwarm oder kalt als Beilage serviert. Dazu passen kross gebratene Baguettescheiben.

Mousse di melanzane e castagne
Auberginen-Kastanien-Mousse

750 g Auberginen
250 g Kastanienpüree (tiefgekühlt)
3 EL gehackte glatte Petersilie
1 EL Zitronensaft
Salz, schwarzer Pfeffer
Olivenöl

- Auberginen mit der Schale im vorgeheizten Backofen bei 220 °C etwa 30 Minuten garen. Auskühlen lassen, der Länge nach aufschneiden und das Fruchtfleisch mit einem Löffel in eine Schüssel schaben.
- Das aufgetaute Kastanienpüree salzen und pfeffern. Auberginenfleisch mit einer Gabel pürieren und mit Kastanienpüree und Petersilie vermischen, Zitronensaft dazugeben und mit Salz und Pfeffer würzen. Nach Bedarf Olivenöl unterrühren.
- Zu der Vorspeise passen frisches Baguette und ein knackiger grüner Salat.

Parmigiana di melanzane
Auberginenauflauf

750 g Auberginen
250 g vollreife Tomaten
250 g Büffelmozzarella
3 EL gehacktes Basilikum
50 g geriebener Parmesan
Olivenöl
Salz, schwarzer Pfeffer

- Auberginen der Länge nach in 1/2 cm dicke Scheiben schneiden, in Mehl wenden und in sprudelndem Olivenöl auf beiden Seiten goldbraun braten. Auf Küchenpapier legen und auskühlen lassen.
- Tomaten über Kreuz einschneiden, mit heißem Wasser überbrühen, wenige Minuten ziehen lassen, herausnehmen, mit einem spitzen Messer häuten, entkernen und in Streifen schneiden.
- Büffelmozzarella in einem Sieb abtropfen lassen und in Scheiben schneiden. Basilikum waschen und mit Küchenpapier trockentupfen.
- Eine feuerfeste Form der Reihe nach mit einer Schicht Auberginen, Tomaten, Büffelmozzarella und Basilikum belegen und so fortfahren, bis alle Zutaten aufgebraucht sind. Dazwischen nach Bedarf salzen und pfeffern. Am Schluss mit dem Parmesan bestreuen. Im vorgeheizten Backofen bei 200 °C etwa 20 Minuten backen und sofort servieren, am besten mit frischem Baguette.
- Dazu passt ein Negroamaro aus Apulien.

Melanzane ripiene
Gefüllte Auberginen

2 mittelgroße Auberginen
1 EL Olivenöl
100 g geriebener Pecorino (oder Parmesan)
2 Eigelb
2 EL gehackte glatte Petersilie
1 TL frischer Thymian
Salz, schwarzer Pfeffer

- Auberginen der Länge nach halbieren, das Fruchtfleisch kreuzweise einschneiden und im vorgeheizten Backofen bei 220 °C etwa 20 Minuten schmoren. Auberginen etwas auskühlen lassen, das Fruchtfleisch mit einem Löffel bis auf einen Rand von 1 cm vorsichtig auskratzen und in eine Schüssel geben.
- Die ausgehöhlten Auberginenhälften in eine mit Olivenöl ausgestrichene feuerfeste Form legen. Das Auberginenmark mit einer Gabel zerdrücken, mit Pecorino, Eigelb, Petersilie und Thymian vermengen und mit Salz und Pfeffer würzen. Die Masse in die Auberginenhälften geben und im vorgeheizten Backofen bei 220 °C in 15 Minuten goldbraun überbacken.
- Dazu passt hervorragend ein knackiger Frühlingssalat mit im Rotwein geschmorten Frühlingszwiebeln.

Maccheroni alla Norma
Makkaroni »Norma«

500 g Auberginen
500 g Makkaroni (gerillt)
1 kg vollreife Tomaten
1 Knoblauchzehe
1 EL Tomatenmark
3 EL gehacktes Basilikum
50 g geriebener Parmesan
Olivenöl
Salz, schwarzer Pfeffer

- Tomaten über Kreuz einschneiden, mit heißem Wasser überbrühen, einige Minuten ziehen lassen, herausnehmen, häuten, entkernen und in schmale Streifen schneiden.
- Auberginen in 1 cm dicke Würfel schneiden und mit dem gehackten Knoblauch bei mittlerer Hitze 15 Minuten in Olivenöl braten.
- In der Zwischenzeit die Makkaroni mit reichlich Salzwasser al dente kochen, abgießen und in den Topf zurückgeben.
- Auberginen, Tomatenstreifen sowie das in ein wenig Wasser aufgelöste Tomatenmark zu den Makkaroni geben, bei großer Hitze nochmals erwärmen und dabei ständig umrühren. Mit Salz und Pfeffer würzen. Zum Schluss Parmesan und Basilikum über die Makkaroni geben, gut vermengen und sofort servieren.

GESCHICHTE: Der Name des Gerichts geht auf die Oper *Norma*, das meistgespielte Werk des sizilianischen Komponisten Vincenzo Bellini, zurück. Der Erfolg der Oper führte dazu, dass man in Siziliens Hauptstadt Palermo alles, was außergewöhnlich war oder schmeckte, mit »alla Norma« bezeichnete – so auch dieses Gericht. Im sizilianischen Originalrezept wird allerdings statt Parmesan geräucherter Ricotta verwendet.

DOPPIO ZERO
cucinare

UMBERTO GRAZIOSI & C. S.N.C.
VIGNOLA
(ITALY)
THE Jockey
COMMERCIO FRUTTA

La
PATAtA

Patata
Kartoffel

Immer wenn Antonietta Bernasconi-Candossin ihren wackeren und heißhungrigen Buben gekochte Kartoffeln vorsetzte – und das passierte etwa einmal pro Woche –, gab es lange Gesichter. Mein Bruder und ich maulten herum, denn Kartoffeln pur schmeckten uns einfach nicht. Also standen wir vom Tisch auf und holten Butter und Milch aus dem Kühlschrank. Mit der Gabel zerdrückten wir die dampfenden Kartoffeln und mischten uns mit Butter und Milch unser eigenes Kartoffelpüree. Und das schmeckte uns ausgezeichnet! Noch heute bereite ich es gerne zu, am liebsten verfeinert mit schwarzen Oliven und Thymian ...

An meiner Abneigung gegen Salz- und Pellkartoffeln dagegen hat sich nichts geändert, aber schließlich sind dies auch keine genuin italienischen Zubereitungsarten. Dafür wird die Knolle in der italienischen Küche auf vielfältige andere Weise verwendet, zum Beispiel als Salat mit Parmesan und Basilikum oder als Zutat von Pastagerichten. Eine ganz wichtige Rolle spielt sie in Form von Gnocchi, die wesentlicher Bestandteil der italienischen Speisekarte sind. Die Gnocchi meiner Mamma, die sie bisweilen aus reiner Lust und ohne dem religiösen Kalender zu folgen selbst herstellte, versöhnten uns Kinder damals sogar wieder mit ihren Pellkartoffeln.

Die europäische Geschichte des Nachtschattengewächses beginnt im 16. Jahrhundert – da brachten die Spanier die Kartoffel aus den Anden mit in die Alte Welt, wo sie zunächst als Zierpflanze ein Schattendasein führte. Erst Ende des 18. Jahrhunderts entführte der Hunger, der ja bekanntlich der beste Koch ist, die Kartoffel aus ihrem dekorativen Dasein als Zimmerpflanze in die Kochtöpfe und gab so unzähligen Menschen Nahrung und Stärke.

Für die Zubereitung italienischer Kartoffelgerichte werden drei Sorten verwendet: festkochende Kartoffeln, mehligkochende und Frühkartoffeln (sie kommen im späten Frühjahr, so um Ostern auf den Markt). Festkochende Kartoffeln werden in aller Regel zuerst geschält und dann gebraten oder frittiert. Mehligkochende Kartoffeln hingegen sollten zunächst mit der Schale gegart werden – so bleiben die Vitamine in der Kartoffel und können nicht ins Kochwasser entschwinden.

Gnocchi di patate ai spinaci con sugo al pomodoro
Kartoffelgnocchi mit Spinat und Tomatensugo

Für die Gnocchi:
500 g mehligkochende Kartoffeln
100 g tiefgekühlter Spinat
1 Knoblauchzehe
1 TL abgeriebene Zitronenschale
1 Prise geriebene Muskatnuss
125 g Mehl
2 Eigelb
50 g Butter
3 EL geriebener Parmesan
Salz, schwarzer Pfeffer

Für den Sugo:
400 g vollreife Tomaten
1 Zwiebel
2 EL Olivenöl
2 EL Basilikumblätter
Salz, schwarzer Pfeffer

- Kartoffeln mit der Schale in sprudelndem Salzwasser gabelzart kochen; abgießen, auskühlen lassen, schälen und durch eine Kartoffelpresse in eine Schüssel drücken.
- Den geschälten Knoblauch durch die Presse drücken. Den aufgetauten Spinat gut ausdrücken, mit Knoblauch, Muskat und Zitronenschale vermengen, salzen und pfeffern.
- Spinatmischung, Mehl und Eigelb zu den Kartoffeln geben und alles zu einer homogenen Masse verkneten. Aus der Masse 1,5 cm dicke Rollen formen und diese mit einem Messer in 2 cm lange Stücke zerteilen.
- Gnocchi in einem breiten Topf mit sprudelndem Salzwasser so lange kochen, bis sie an der Oberfläche schwimmen. Mit einer Schöpfkelle herausheben und in der zerlassenen Butter schwenken; warm halten.
- Tomaten kreuzweise einschneiden, mit heißem Wasser überbrühen, einige Minuten stehen lassen, häuten, entkernen und in Würfel schneiden. Zwiebel schälen, fein hacken und in Olivenöl dünsten. Tomaten dazugeben und 15 Minuten bei niedriger Hitze köcheln lassen. Zum Schluss die Basilikumblätter zerpflücken, in den Sugo rühren und mit Salz und Pfeffer würzen.
- Gnocchi mit Tomatensugo vermengen, mit Parmesan bestreuen und sofort servieren.
- Wenn Sie die Gnocchi als Vorspeise servieren, gibt's einfach einen leichten Weißwein dazu; als Hauptspeise schmecken sie wunderbar mit einem knackigen Salat.

Carpaccio di patate ai porcini
Kartoffelcarpaccio mit Steinpilzen

8 mittelgroße festkochende Kartoffeln
4 ganze Steinpilze à etwa 80 g
(oder 4 große Champignons)
80 g Rucola
2 EL gehackte glatte Petersilie
4 EL Olivenöl
1 TL Aceto Balsamico Tradizionale
Salz, schwarzer Pfeffer

- Kartoffeln mit der Schale in sprudelndem Salzwasser gabelzart kochen; dann aus dem Wasser heben, auskühlen lassen, schälen und in dünne Scheiben schneiden.
- Steinpilze in dünne Scheiben schneiden und abwechselnd mit den Kartoffelscheiben auf einem Teller zu einem Fächer anrichten.
- Mit Rucola und Petersilie bestreuen, zuletzt Olivenöl und Aceto Balsamico darüberträufeln, mit Salz und Pfeffer würzen und sofort servieren.
- Zu dieser delikaten Vorspeise reichen Sie einen Gewürztraminer. Sonst nix.

VARIATION: Gut schmeckt es auch, wenn man aus dem Saft von 1/2 Orange, 4 EL Olivenöl und 2 EL Rotweinessig mit dem Schneebesen eine Emulsion schlägt und diese über das Carpaccio verteilt.

Purea di patate con olive nere
Kartoffelpüree mit schwarzen Oliven

600 g mehligkochende Kartoffeln
200 g in Ringe geschnittene
schwarze Oliven
2 EL frischer Thymian
2 Eigelb
Olivenöl
Salz, schwarzer Pfeffer

- Kartoffeln mit der Schale in sprudelndem Salzwasser gabelzart kochen; abgießen, ein wenig auskühlen lassen, schälen und durch eine Kartoffelpresse in eine Pfanne mit etwas Olivenöl geben.
- Oliven, Thymian und Eigelb sofort unter die Masse mengen, in der Pfanne erwärmen, mit Salz und Pfeffer würzen und sofort servieren.
- Dieses pikante Kartoffelpüree schmeckt sehr gut zu grünen Bohnen mit Tomaten und Zwiebeln (s. Rezept Seite 38).

TIPP: Natürlich lassen sich die Oliven durch andere (kleingeschnittene) Gemüse ersetzen, zum Beispiel durch Erbsen, Karotten, Spinat oder auch den in Italien beliebten Stängelkohl.

insalatina di patate alla parmigiana
Kartoffelsalat mit Parmesan

8 mittelgroße festkochende Kartoffeln
50 g Parmesan am Stück
abgeriebene Schale von
 1 unbehandelten Zitrone
1 EL gehackte glatte Petersilie
2 EL gehacktes Basilikum
4 EL Olivenöl
Salz, schwarzer Pfeffer

- Kartoffeln schälen und mit einem Küchenhobel in feine Scheiben schneiden. Einen Topf mit kaltem Wasser aufsetzen, die Kartoffelscheiben hineingeben, aufkochen lassen und dann 10 Minuten garen. Kartoffelscheiben vorsichtig herausheben, auf Küchenkrepp trocknen und fächerartig auf vier Tellern anrichten.
- Zitronenschale, Petersilie und Basilikum über die Kartoffeln geben, mit Olivenöl beträufeln und mit Salz und Pfeffer würzen. Zum Schluss den Parmesan über den Kartoffelsalat hobeln und sofort servieren.
- Dazu passt ein grüner Salat mit einem Zitronendressing.

Pennette con patatine fritte e verdura
Pennette mit gebratenen Kartoffeln und Gemüse

250 g festkochende Kartoffeln
320 g Pennette (oder Mezze Penne)
3 EL Olivenöl
1 Karotte
1 Stange vom Staudensellerie
1 EL gehackter frischer Thymian
30 g getrocknete Tomaten
50 g Provolone piccante
Salz, schwarzer Pfeffer

- Kartoffeln schälen, in 2 cm große Würfel schneiden und in einer Pfanne mit Olivenöl in etwa 20 Minuten goldbraun braten.
- Inzwischen die Karotte schälen und mit dem Staudensellerie in 1/2 cm große Würfel schneiden. Beides etwa 10 Minuten mit den Kartoffeln mitbraten – nach Bedarf Olivenöl nachgießen. Vom Herd nehmen und mit Thymian würzen.
- Pennette in reichlich Salzwasser al dente garen, dann das Wasser bis auf einen kleinen Rest abgießen. Die Pasta mit dem restlichen Kochwasser zu den Kartoffeln und dem Gemüse geben.
- Die getrockneten Tomaten und den Provolone würfeln und ebenfalls in die Pfanne geben. Alles bei großer Hitze gut vermengen und 2 Minuten garen. Mit Salz und Pfeffer würzen und servieren.
- Dazu passt ein grüner Salat mit einem milden Dressing.

Gattò napoletano
Napoletanischer Kartoffelkuchen

1,5 kg mehligkochende Kartoffeln
1 Knoblauchzehe
200 g Butter
200 g geriebener Parmesan
4–6 Eier
4 EL frischer Majoran
2 EL Paniermehl
Butter für das Blech
Salz, schwarzer Pfeffer

- Kartoffeln mit der Schale in sprudelndem Salzwasser gabelzart kochen; dann abgießen und ein wenig auskühlen lassen. Die Kartoffeln schälen und durch eine Kartoffelpresse in eine Schüssel geben.
- Knoblauchzehe schälen, durch eine Presse drücken und zu den Kartoffeln geben. Die zerlassene Butter, Parmesan, Eier und Majoran dazugeben und die Masse gut vermengen. Mit Salz und Pfeffer würzen.
- Ein tiefes Backblech mit Butter ausstreichen und mit 1 EL Paniermehl gut auskleiden. Die Masse gleichmäßig auf dem Blech verteilen, mit dem restlichen Paniermehl bestreuen und im vorgeheizten Backofen bei 190 °C etwa 45 Minuten backen und sofort servieren.
- Zu diesem herzhaften Kartoffelkuchen, der auch kalt hervorragend schmeckt, passt ein gemischter Salat (ohne Zwiebeln) mit einer sauer angemachten Vinaigrette.

TIPP: Das Besondere an diesem Rezept aus Neapel: Die Kartoffelmasse lässt sich wunderbar mit Gemüseresten vom Vortag verfeinern, und statt Parmesan kann man auch gewürfelten Mozzarella verwenden – der Phantasie sind bei der Zusammensetzung dieses Kuchens keine Grenzen gesetzt.

TEMPO

DEL

RACCOLTO

Gemüseregister | indice delle verdure

Grundrezepte | Ricette di base

Artischocke | Carciofo

Aubergine | Melanzana

Bohnen | Fagioli & Fagiolini

Brokkoli & Blumenkohl
Broccolo & Cavolfiore

Erbsen | Piselli

Fenchel | Finocchio

Karotte | Carota

Kartoffel | Patata

Gemüseregister | indice delle verdure

Kürbis | Zucca

Mais | Polenta

Paprika | Peperone

Pilze | Funghi

Radicchio | Radicchio

Spargel | Asparagi

Spinat | Spinacio

Tomate | Pomodoro

Zucchini | Zucchina

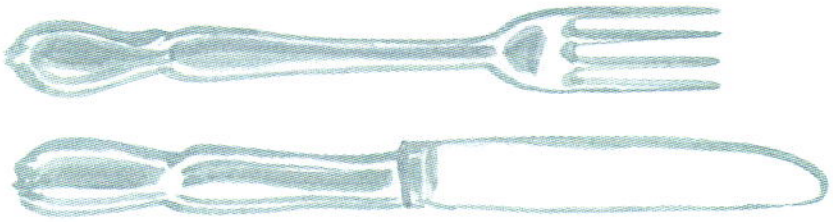

Zwiebel | Cipolla

Alphabetisches Register

Die Autoren

CARLO BERNASCONI ist Koch, Journalist und Restaurantbesitzer. Der studierte Diplom-Übersetzer arbeitete u.a. für das »Börsenblatt des Deutschen Buchhandels« und als Caterer, bevor er 2004 Chefredakteur des »Schweizer Buchhandel« wurde. Nach langen Jahren der gastronomischen Theorie erwarb er das Ristorante Italiano Heimelig, das er zu einer Kochbuchhandlung mit Restaurant »Cucina e Libri« ausbaute; dabei arbeitete er eng mit Larissa Bertonasco zusammen. Carlo Bernasconi ist Autor und Co-Autor mehrerer Koch- und Cocktailbücher, darunter das Standardwerk »Das große Buch der Italienischen Küche«. Er lebt, schreibt und kocht in Zürich.

LARISSA BERTONASCO, geboren 1972 in Heilbronn, studierte Italienisch und Kunstgeschichte in Siena und Hamburg, anschließend Illustration an der Hamburger Armgartstraße. Seit 2003 arbeitet sie als freie Künstlerin und Illustratorin für Magazine, Verlage und Werbung. 2005 erschien ihr erfolgreiches Kunstkochbuch »La nonna La cucina La vita« mit Rezepten und Geschichten ihrer italienischen Großmutter. Außerdem ist sie Mitherausgeberin von SPRING, dem Magazin der Zeichnerinnen, welches jeden Sommer erscheint. Sie hat zwei Kinder und lebt zusammen mit dem Maler Ari Goldmann in Hamburg.

Grazie! Danke!

Bücher sind eine dankbare Quelle von Ideen. So manche Inspiration für Rezepte fand ich in »Ricette di osterie d'Italia« von Slow Food Editore. In der Reihe »Cucine regionali«, die der genialische Verleger Franco Muzzio veröffentlicht, wagen die Autoren einen ethnologischen, historischen Blick auf die Küche. Tolle Bücher! Einen unerschöpflichen Fundus bietet auch die »Grande Enciclopedia della Gastronomia«, die auf knapp 1800 Seiten fast das gesamte Wissen zur italienischen Küche enthält. Schließlich gilt mein Dank Jutta und Laurens Aristide, die fortan in den Genuss dieser Rezepte kommen werden …

Mein Dank geht an Ari für Kritik, ungewöhnliche Sichtweisen, Verlässlichkeit und Hilfe an meiner Seite, Jutta für kulinarische Verpflegung, Gespräche & viel gute Musik im Atelier, meine Mama für tatkräftige Unterstützung in allen Lebenslagen, meine Kinder Emilia und Bela für ihre Geduld und Liebe, Susanne, Carlo und alle von Jacoby & Stuart sowie Walter Lendl für die Realisierung des Buches, viele liebe Freunde für optimistische Anteilnahme an dem Projekt und meine Muse, dass sie mich doch immer noch fast rechtzeitig küsst …